天下文化
BELIEVE IN READING

科學文化｜BCS178

愛因斯坦最大的錯誤

Einstein's
Greatest
Mistake
The Life of a Flawed Genius

世 紀 天 才 的 人 性 弱 點

波戴尼 David Bodanis——著　黃靜雅——譯

愛因斯坦最大的錯誤
Einstein's Greatest Mistake

給我的兒子，山姆

To my son, Sam

1953年，在普林斯頓。愛因斯坦步行回家。

　　　愛因斯坦最大的錯誤

序　曲

1953年，普林斯頓。

遊客通常會待在默瑟街白牆屋對面的人行道上。不過，一看到老先生從大學校園慢慢步行回家，他們便難掩興奮之情；老先生總是穿著一襲長大衣，出了名的一頭亂髮上罩著黑色針織帽（如果紐澤西州的風那天特別強勁）。

膽子最大的遊客有時會過街走向老先生，訴說對他的仰慕，或請他簽名。大多數的人則是舌頭打結或敬畏得說不出話來，恭恭敬敬的保持距離。他們眼前的這位老先生，正是愛因斯坦；這位有史以來最偉大的天才，竟然近在咫尺。他那睿智、布滿皺紋的面容，令人聯想到，他的洞察力已臻透澈，遠非世間凡人可及。

愛因斯坦在世時是最著名的科學家，儘管他大名鼎鼎，卻總是獨自步行，或偶爾與一位老友結伴同行。雖然他在公共場合備受熱情款待，而且仍不時受邀參加正式晚宴，甚至電影首映（好萊塢明星對能在他身邊合照特別興奮），但埋頭苦幹的科學家和他不太打交道，他們多年來都是這樣。

他們如此對待他，並不是因為他的年紀。偉大的丹麥物理學家波耳當時六十八歲，愛因斯坦七十四歲，但波耳還是很樂於接受新觀念，他在哥本哈根成立的研究所人才濟濟，年輕優秀的博士研究生最喜歡待在他身邊。然而，愛因斯坦被孤立於主流研究之外，已經幾十年了。高等研究院位於普林斯頓校園邊緣，有如禁地，在他發表演講的少數場合中，當然會有禮貌性的掌聲，但那是獻給「坐著輪椅上台的老兵」的同情掌聲。愛因斯坦的同儕視他為過氣名人。連他的許多知己好友，也不再把他的想法當一回事。

　　愛因斯坦感覺到了自己的孤立。他的家裡一度高朋滿座談笑風生，洋溢青春活力。但後來家裡變得靜悄悄的。他的第二任妻子 —— 豐腴、愛嘮叨的愛爾莎，幾年前過世了，而他心愛的妹妹瑪雅也已離世。

　　妹妹的死，令愛因斯坦特別難受。在1880年代的慕尼黑，瑪雅和愛因斯坦一直都是彼此的兒時玩伴，兩人互相捉弄，用紙牌蓋城堡。她還記得，如果好不容易才蓋好的城堡被風吹倒，她哥哥會鍥而不舍的把它重新蓋起來。「我的技巧可能比不上其他科學家，」他喜歡這麼說，「但我像騾子一樣倔。」

　　愛因斯坦一直保留著他年輕時的執著，但他的健康已不比從前。在普林斯頓的家裡，他的主要房間在樓上，裡面有他的書和論文，隔著走廊的房間，本來是瑪雅的臥室。到了這把年紀，愛因斯坦爬樓梯只能慢慢的，且不時停下來喘口

氣。但這或許算不了什麼。當他安坐在自己的書房裡，他便擁有全世界的時間。

他是近代最偉大的人物，怎麼會落得如此孤獨的下場？

驚 人 成 就 導 致 的 人 生 挫 敗

1915年，戰時柏林。

愛因斯坦剛創造出一道了不起的方程式 —— 不是十年前（1905年）他那眾所周知的 $E = mc^2$，而是比它更強大的方程式：廣義相對論的核心方程式。它是有史以來最美妙的成就之一，和巴哈或莎士比亞的作品一樣偉大。愛因斯坦的1915年方程式只有兩個核心項，但它竟揭露了難以想像的空間與時間特性，解釋黑洞為何存在，說明宇宙如何開始、可能會如何結束，甚至為革命性的科技奠定基礎，例如GPS導航。愛因斯坦因為自己發現的理論而欣喜若狂。「我最大膽的夢想，如今已然成真，」那年，他寫信給他最要好的朋友時這麼說。

但他的夢想不久便中斷了。兩年後，就在1917年，他發現有關宇宙形狀的天文證據，似乎和他的廣義相對論相牴觸。他無法解釋此矛盾，只好修改自己的方程式，額外加入一個項，破壞了它的簡潔性。

結果，妥協只是暫時的。若干年後，新的證據證實，他原始的絕妙概念才是正確的，於是愛因斯坦又恢復了原始

的方程式。他稱這個暫時修改是「一生中最大的錯誤，」因為這破壞了1915年簡潔的原始方程式之美。然而，即便這項修改是愛因斯坦的第一個大錯，不過最嚴重的錯誤還在後頭。

愛因斯坦認為，他過去的錯誤，錯在遵循那些不完善的實驗證據 —— 他應該只管保持冷靜，總有一天，天文學家會明白他們弄錯了。但他從這次經驗得出另一個結論：在最重要的事情上，他再也用不著遵循實驗證據。當批評他的人試圖提出證據，反駁他後來的理念，他一概置之不理，深信事實會再次證明他是對的。

這種反應雖是人之常情，卻帶來災難性的影響。它對愛因斯坦接下來的嘗試造成愈來愈大的傷害，尤其是在蓬勃發展的超小尺度、量子力學方面的研究。諸如波耳等好友都懇求他講講道理。他們知道，愛因斯坦的絕頂聰明可能再度改變世界，只要他願意接受新一代實驗學家不斷揭露的新發現，那些發現都是證據確鑿的。但愛因斯坦卻辦不到。

他私底下曾有幾番疑慮，但是都忍住了。他用1915年的理論揭開宇宙結構的奧祕，當時其他人都錯了，他才是對的。他不會再受誤導了。

正是這樣的堅定理念，使他孤立於新一代量子力學研究之外，使他的聲響在嚴謹科學家之間蕩然無存；正是這樣的堅定理念，害得他在默瑟街的研究生涯孤獨至極。

到底是怎麼回事？天才如何達到巔峰、又如何走下坡？

我們如何面對失敗、面對衰老？我們如何喪失信任的習慣、能不能失而復得？這些都是本書探討的主題。再者，本書也探討了愛因斯坦的概念本身（有對的，也有錯的），以及他如何一步一步得出這些概念。就這層意義上，本書可說是雙重傳記：這則故事敘述一位會犯錯的天才，這則故事也敘述他的錯誤 —— 錯誤如何起始、滋長、令人深陷其中，甚至連愛因斯坦這麼睿智的人也無法自拔。

　　天才與傲慢，勝利與失敗，可說是密不可分的。愛因斯坦1915年提出的方程式，以及它背後的理論，或許是他一生中最偉大的壯舉，卻也為他最驚人的失敗埋下種子。為了瞭解愛因斯坦在1915年究竟達到什麼樣的成就，為了瞭解他怎麼會出錯，有必要更進一步回顧過去 —— 回顧愛因斯坦的早年歲月，回顧當時令他深深著迷的種種奧祕。

第一篇

絕世天才的出身

大學時代的愛因斯坦，攝於 1900 年左右。

　　　愛因斯坦最大的錯誤

第 一 章

維多利亞時代的童年

1879年，也就是愛因斯坦誕生那年，有兩大概念主導歐洲的科學，為愛因斯坦的許多重大研究提供了背景脈絡。首先，人們認識到，使世界偉大工業文明運轉的作用力，例如龐大蒸汽火車裡的「煤燃燒」、用來控制鎮壓人民的軍艦砲塔的「火藥爆炸」，甚至海底電纜中傳輸世界各地電報訊息的「微弱電脈衝」，全都是同一種基本實體的不同表現，稱為能量。這是維多利亞時代的重要科學概念之一。

後維多利亞時代的科學家明白，能量的表現是根據某些不變的原理。礦工從地下挖出煤炭，技師烘烤煤炭把得到的煤氣注入加壓管路，點亮倫敦街道的路燈。但是如果出了問題造成煤氣爆炸，爆炸產生的能量，例如飛濺的玻璃碎片能量加上爆裂空氣的聲波能量，甚至路燈的金屬碎片落在附近屋頂上的位能，將與煤氣本身的固有能量完全相同。如果路

燈的一塊金屬碎片掉到路面，它擊中地面的聲音和能量，加上碎片筆直落下時掀起的陣風能量，會完全等於一開始抬升它的能量。

能量不能被創造或消滅，只能轉換，認識這層道理似乎很簡單，卻含有非凡的意義。比方說，當維多利亞女王的馬車抵達倫敦市中心的白金漢宮，僕人打開車門時，他肩膀上原有的能量開始離開，這完全等量的能量，轉而呈現於華麗車門的擺動，以及門軸轉動摩擦造成的略微升溫。當女王下車踏上地面，她下降之勢的動能，轉移到腳下的地球，她靜止不動了，卻使地球在繞行太陽的軌道上顫動了一下。

所有類型的能量都是相關的；所有類型的能量也都恰好平衡。這個簡單的真理稱為能量守恆定律，在十九世紀中葉受到普遍認同。當時達爾文指出，地球上的物種不需要傳統的上帝來創造，這個觀點使維多利亞時代的宗教信心受挫。但「總能量不變」的觀點，卻是可堪慰藉的替代品。能量以如此神奇的方式達到平衡，彷彿證明某種神聖的手觸動了我們的世界，而且依然在我們之間積極運作。

歐洲科學家明白能量守恆時，已經很熟悉主導十九世紀物理學的第二種偉大概念：物質永遠不會完全消失。舉例來說，1666年發生的倫敦大火，使歐洲最大的城市陷入火海，火焰由麵包店的焦油與木材爆炸引起；火勢在木造屋頂上一棟接著一棟蔓延，冒出大量刺鼻濃煙，把家園、辦公室、馬廄，甚至攜帶瘟疫病菌的大鼠，統統化為熾熱灰燼。

十七世紀的人只看見災後的一片狼藉，沒有人能看出任何別的東西，但是到了1800年，比愛因斯坦早一個世紀的科學家發現，如果有人能在倫敦大火開始之前，秤出一切事物的重量，例如所有房子裡的木地板、磚塊和家具、啤酒桶，甚至所有倉皇而逃的大鼠等等，然後如果再花更大的功夫，測量出大火產生的所有濃煙和灰燼及碎磚塊的話，就可發現：兩者的重量完全相同。

這就是所謂的「物質不滅定律」，而且自十八世紀末以來變得更加明確。這個概念在不同時期有不同的名稱，但是要旨一直沒變：在壁爐裡燃燒木柴，到最後會燒成灰燼和煙霧。如果你有辦法把不透氣的大袋子放在煙囪及任何排氣窗上，就可測量所有捕獲的煙霧加上灰燼（還要考慮燃燒時從空氣中吸取的氧氣），你會發現，總重量與木柴的重量完全相同。物質可能會改變形狀，例如從木柴變成灰燼，但它在宇宙中永遠不會消失。

物質不滅與能量守恆這兩大概念，對少年愛因斯坦的教育與驚人成就是非常重要的。

猶太家庭的養成教育

1879年，愛因斯坦誕生於德國城市烏姆，離慕尼黑約一百二十公里，當時他們家族脫離中世紀猶太區的生活才不過幾代而已。對十九世紀的許多德國基督徒來說，周遭的猶

太人是陌生的外來者，屬於次等人類。然而，對幾乎全是正統派教徒的猶太人來說，猶太族群以外的世界充滿了威脅、令人不安，這情況在基督教開始衰弱時最為嚴重，因為兩種宗教之間的隔膜因此縮小了。這使得十八世紀啟蒙運動的觀念開始進入猶太族群，例如有關自由探索的概念、科學，以及「智慧可由研究外在宇宙而來」的理念等等，這些觀念起先偷偷摸摸的滲入，後來則更加迅速的進入猶太族群。

到了愛因斯坦的父母那一代，那些觀念似乎很合德國猶太人的胃口。愛因斯坦的父親赫爾曼和叔叔雅各布，基本上都是自學出身的電機工程師，從事當時最新的科技工作：製造馬達與照明系統。1880年，愛因斯坦還是小嬰兒時，赫爾曼和雅各布搬到慕尼黑，合開了一家公司，以叔叔的名字把公司命名為「雅各布・愛因斯坦公司」，他們希望能供應該城市日益增加的電器需求。愛因斯坦的叔叔是比較務實的合夥人；他父親赫爾曼則是那種比較不切實際的人，很喜歡數學，可是為了幫忙家計，十幾歲便不得不輟學。

愛因斯坦有個溫馨的家庭，父母照料他成長。愛因斯坦四歲左右，父母允許他獨自走在慕尼黑的街道上（或讓他如此以為）。至少有一次，母親寶琳一路跟著但沒讓他發現，但年幼的愛因斯坦穿越繁忙的馬路時，她一直盯著，以確保他的安全。

等到愛因斯坦長大，夠懂事了，父親、叔叔和家裡的常客就向他解釋，馬達如何運轉、燈泡如何發亮，以及宇宙如

何分為能量與物質兩部分。愛因斯坦吸收這些觀念，正如他也受到家庭觀念同化，認為猶太教是可堪自豪的遺產，即便他們認為，《聖經》與猶太教會的習俗，多半只比迷信好不了多少。拋開這些不管，他們相信，現代世界仍會承認他們是良好公民。

不過，愛因斯坦到了十幾歲時，才認清慕尼黑並不歡迎他們，無論他們家族多麼努力想要融入。他六歲時，父親的公司早已爭取到慕尼黑啤酒節的第一份電燈照明合約。但時間一年一年過去，慕尼黑的新照明系統與發電機合約逐漸流向非猶太公司，縱使他們的產品比愛因斯坦兄弟的產品還要差。他們聽說義大利北部的帕維亞很繁榮，那裡離米蘭很近，商業前景更為看好。於是1894年，他的父母和妹妹瑪雅及叔叔就搬到帕維亞，試圖重新開業。十五歲的愛因斯坦為了完成高中學業，留在慕尼黑的寄宿家庭裡。

那段日子他過得並不快樂。他就讀的學校很嚴苛，和愛因斯坦家族的溫馨形成強烈的對比。「那些老師……在我看來，像是操兵的士官，」幾十年後，愛因斯坦回憶當時。他們堅持死記硬背，旨在教出畏懼、聽話的學生。愛因斯坦在十五歲左右時，愈來愈討厭上課，他的希臘文老師德根哈特博士（Dr. Degenhart）曾對他大吼，「愛因斯坦，你會永遠一事無成！」──這句著名的評語，讓後來記下這段軼事的忠誠妹妹不禁打趣道，「果然，阿爾伯特·愛因斯坦從未獲得希臘文法教授一職。」

十六歲時，愛因斯坦休學了。若是被迫退學，他可能會認為這是失敗，但由於那是自己的選擇，事實上他很自豪，把休學視為一種叛逆行為。他獨自旅行前往義大利與家人會合，在父親與叔叔的工廠打工一陣子，還安慰憂心忡忡的父母，說已經找到一所德語大學，不需要高中文憑，而且沒有最低年齡的要求。這所學校正是蘇黎世聯邦理工學院*，他馬上就去申請入學。雖然他的數學及物理成績非常優秀（從前在家裡的那些對話沒有白費），但他應該多聽聽德根哈特的話，因為愛因斯坦後來回憶，他完全沒有準備就去考試，結果他的法文及化學分數令他大失所望。蘇黎世聯邦理工學院沒有錄取他。

　　他的父母倒是不太驚訝。「我很久以前就習慣了，」父親寫道，「會收到不太好的成績，同時也收到非常好的成績。」愛因斯坦承認，太早申請是個錯誤。隔年，他在靠近蘇黎世的瑞士北部山谷找到寄宿家庭，上輔導課程準備重考。

　　溫特勒家族是愛因斯坦在瑞士時的房東，愛因斯坦和他們同桌朗讀或討論，認為這很理所當然。他們晚上合奏音樂（愛因斯坦是很有天分的小提琴手，以前在德國時，學校的輔導員對他的琴藝評價甚高），更棒的是，他們家有個女

---

*譯注：過去名為The Swiss Polytechnic in Zurich，現稱為Swiss Federal Institute of Technology in Zurich。

兒，芳名瑪莉，比愛因斯坦稍微年長一些。愛因斯坦似乎認為，請瑪莉幫忙洗衣服是愛意的表白，正如他母親一直都幫他洗衣服那樣。不過，他很快就學會更老練的求愛方式，就此展開初戀。這段感情讓他母親頭一次管起他的閒事。他假日回家陪家人時，寫信給瑪莉，「親愛的甜心……對我的靈魂而言，妳比全世界還要重要，」他的母親在信封上寫下毫無說服力的聲明，說她沒看信裡寫些什麼。

乏善可陳的學院訓練

1896年，十七歲的愛因斯坦捲土重來，總算順利考上理工學院，就讀的課程，旨在訓練未來的高中教師。他受過的教育足以跟得上課程，而從他遊歷各地的生活養成的謹慎態度，也足以批評這些課程。這樣的背景，讓他能以獨立的觀點，看待老師教的東西。

雖然蘇黎世理工學院大致上是一流的，但有幾位教授已經落伍了，愛因斯坦設法找他們的麻煩。比方說，韋伯（Heinrich Weber）教授教物理學，一開始對愛因斯坦很有幫助，但他竟然對當代理論沒有興趣，拒絕將蘇格蘭人馬克士威的突破研究（電場與磁場之間的關連）納入物理課程。愛因斯坦知道馬克士威的研究很重要，所以對此很不滿。

韋伯和1890年代的許多物理學家一樣，不覺得有什麼全新的基本概念可學，認為自己的工作只不過是補上剩餘

的細節而已。發現宇宙定律的主要工作已經完成了，照此想法，雖然未來世代的物理學家可能需要改進測量設備，才能更確切描述已知原理，但不會有什麼重大的見解了。

韋伯也非常迂腐，有一回竟然叫愛因斯坦把整份研究報告重寫一次，理由是第一次交去的報告沒有寫在尺寸正確的紙上。愛因斯坦嘲諷這位教授，稱呼他為韋伯「先生」，而不是韋伯「教授」，多年來一直對他的教學風格耿耿於懷。「這簡直是奇蹟，〔我們的〕現代教學方法，竟然還沒有完全扼殺用來探索的神聖好奇心，」半個世紀後，愛因斯坦提到他的大學教育時如此寫道。

良師少，益友多

既然去上韋伯的課沒什麼意義，愛因斯坦於是花了很多時間來熟悉蘇黎世的咖啡館和酒吧：啜飲冰咖啡、抽菸斗、閱讀、閒聊，時間就這麼過去了。他也找時間自修亥姆霍茲、波茲曼等當代物理學大師的研究。但他的閱讀沒什麼系統，學年考試即將來臨，他意識到自己需要幫忙，才能迎頭趕上韋伯先生的課程進度。

愛因斯坦真正需要的是找到可以求助的同學。他最要好的朋友貝索（Michele Angelo Besso）是猶太裔義大利人，剛從理工學院畢業，比愛因斯坦年長幾歲。貝索和愛因斯坦是在音樂晚會上認識的，他們都在那裡拉小提琴。貝索很友

愛因斯坦最要好的朋友貝索，攝於1898年。
「老鷹愛因斯坦將麻雀貝索納於羽翼之下，」
貝索描述他們的學術合作關係時曾說道，
「於是麻雀可以飛得稍微高一些。」

善、很有教養，但在課堂上，他幾乎和愛因斯坦一樣心不在
焉。這意味著，如果愛因斯坦想考試及格，有必要另找人借
上課筆記，尤其是因為他的理工學院成績單上曾有不太好的
評語：「院長申誡，因為上物理實習課不認真。」

　　幸運的是，愛因斯坦的另外一位知己好友格羅斯曼
（Marcel Grossmann），正是每個不守規矩的大學生夢寐以求
的那種朋友。和愛因斯坦、貝索一樣，格羅斯曼也是猶太

人，同樣是最近才來到這個國家。瑞士的大學裡有半官方的反猶太政策，把猶太人等外來者分發到當時公認地位較低的科系（例如理論物理學），而不是工程學或應用物理學等將來薪水可能比較高的領域。（這對愛因斯坦來說並不太糟，因為唯有透過理論物理學，他才能掌握諸如能量與物質等讓他深深著迷的概念。）知道他們遭到同樣的偏見方式對待，或許有助於愛因斯坦與格羅斯曼的契合。

當期末考試來臨，格羅斯曼的上課筆記（整整齊齊畫了所有的重要圖表）救了愛因斯坦，譬如讓他的幾何學及格，滿分6分他拿到差強人意的4.25分。「我寧可不去猜想，要是我沒有這些筆記會有什麼下場，」很久以後，愛因斯坦寫信跟格羅斯曼的妻子這樣說。他的分數當然比不上格羅斯曼，正如大家所預期的，格羅斯曼拿到滿分。但愛因斯坦的朋友都不驚訝，因為另外有事讓他分了心。

除了貝索和格羅斯曼，愛因斯坦還跟另一位學生共度時光，這位學生比他更像是外來者，她是信奉基督正教的塞爾維亞人，也是班上唯一的女生。米列娃‧馬里奇（Mileva Marić）聰明過人，加上性感的外表，看上她的理工學院學生不止一人。她比其他學生年長幾歲，擅長音樂與繪畫，語言能力很強，轉念物理學之前學過醫學。愛因斯坦和寄宿時期愛上的瑪莉‧溫特勒早就分手了，他準備對米列娃展開行動。

愛因斯坦年輕時極為英俊，有一頭黑色捲髮和自信從容

愛因斯坦（右）與格羅斯曼（左）
1910年代初，攝於大學畢業的幾年後。

的微笑。他和妹妹瑪雅感情很好，這讓他跟女人在相處時輕
鬆自在，他開始追求米列娃時，這點對他很有利。在大學時
代，兩人的戀情進展得很快。「沒有了妳，」1900年時他寫
信給她，「我缺乏自信，工作沒有樂趣，生活沒有樂趣。」
但如果他們能住在一起，他許下承諾，「我們若在一起會是
世界上最幸福的人，這是一定的。」毫無顧忌的他，有一回
竟然寄給她一封信，上面畫了他的腳，讓她給他織襪子。

　　愛因斯坦和米列娃隱瞞戀情好一陣子，才告訴朋友他
們的感情已經變得很親密了，但他們根本誰也瞞不了。1900

米列娃攝於 1890 年代末。愛因斯坦在 1900 年寫信給她，
「我們若在一起會是世界上最幸福的人，這是一定的。」

年，愛因斯坦回義大利探望父母時，寫信給米列娃，「貝索
已經發現我喜歡妳，因為……當我告訴他，我現在必須再
去蘇黎世，他問：『還有什麼事情能吸引他〔回來〕？』」說
真的，除了米列娃，還會有什麼事情？

追求新知的四人幫

　　新世紀即將展開的前幾年，發生了一些重大事件，愛
因斯坦一夥人很可能都感受到了那種興奮感。貝索、格羅斯

曼、愛因斯坦、米列娃，這四人幫的心態和許多學生一樣：他們絕大部分的教授，都是來自另一個年代的老古板，不必太認真看待，但是即將來臨的二十世紀會帶來令人驚歎的奇蹟，年輕的一代，將會看到這些奇蹟開花結果。對於這一點，似乎沒有人有任何懷疑。

他們每個人都有自己的信心泉源。貝索的家族有生意興隆的工程事業在義大利等著他，他以前也在那裡待過，日子過得跟在蘇黎世一樣舒服。他善於與人相處，也相信等到自己最後真正安頓下來，一定能夠延續家族的事業成就。格羅斯曼擁有出色的數學天分，理工學院人人皆知。米列娃在布達佩斯念技術中學時，一向是很優秀的學生，事實上，她正是奧匈帝國就讀科學高中的首批女生之一。她也是瑞士少數的女大學生。在一個還要再等七十年，婦女才有選舉權的國家裡，這令她格外與眾不同。

這四人幫渴望推展全世界的知識 —— 尤其是愛因斯坦。雖然學校功課讓他讀得很辛苦，但他私底下對知識的追求正在加速進行。除了在蘇黎世的咖啡館裡長時間閱讀報紙、鬼混說笑，他也一直在學習歐洲最偉大的物理學家的研究，落伍的韋伯教授置之不理的所有理論，他都自己自修。

愛因斯坦對法拉第和馬克士威的觀念很感興趣，這兩人認為空間中可能有無形的混合電磁場，影響範圍內的一切事物。他對一些更新的研究發現也很感興趣，例如：劍橋的湯姆森（J. J. Thomson）測量電子的細節，電子這種微小粒

子，似乎存在於所有物質裡的原子內部；倫琴發現的X射線可透視活生生的軀體；馬可尼（Guglielmo Marconi）發送無線電訊號跨越英吉利海峽。愛因斯坦很想知道，這些現象如何發生？為什麼會這樣？從和家人待在義大利準備去瑞士那年起，他就反覆思考這些現象，但那時候他還沒有能力進一步探索。

現在他渴望提升的不僅是自己的知識，還有整個物理學領域的知識。愛因斯坦把他對新發現的強烈慾望，部分歸因於想幫助父親解決困難。比起從前在慕尼黑的合夥公司，父親在帕維亞和米蘭的公司並沒有更成功，儘管那裡相對來說比較沒有反猶太主義。父母親寄給他生活費，對家庭造成很大的負擔，他心知肚明。愛因斯坦的強烈求知動機，也有部分歸因於從宗教傳統學到的東西，雖然他早在十二歲就不拘泥於宗教禮俗，但他確實相信，宇宙的真理還有待發現，人類只窺見其中的一部分而已。這將是他的追尋目標，在1897年寫信給初戀情人瑪莉的母親時，他對此信誓旦旦。

「艱苦的學術工作，」他寫道，「與檢視上帝的本質是……引領我度過生活中所有難關的天使……然而這是多麼奇特的方式……人給自己造了小小的天地，然而比起永遠都在改變的真實存在，規模簡直可悲到微不足道，但人卻自覺是奇蹟般的偉大及重要。」

能 量 與 質 量 壁 壘 分 明 嗎 ？

對愛因斯坦大部分的朋友而言，他們頂多感覺「大勢將至」而已。然而，愛因斯坦卻反覆思索維多利亞時期的偉大成果，並且開始質疑那些傳承給他的偉大觀念。宇宙分為兩大領域：有能量，譬如熟悉的蘇黎世街頭吹過的陣陣強風所帶有的；還有物質，譬如鍾愛的咖啡館的玻璃窗，以及他在思索這一切時啜飲的啤酒或摩卡。但統一性只能到此為止嗎？

在這個階段，年輕的愛因斯坦頂多只能有這樣的思維。他很聰明，但他質問自己的問題，似乎是不可能解答的。他還很年輕，就暫且湊合著用這個主流的宇宙觀（宇宙具有兩個互不相干的部分）吧。不過他有信心，以後會回過頭來解答這個問題。

第　二　章

成年之路

　　大學好友喜歡想像他們會永遠在一起，但卻很少如願。
1900年，愛因斯坦、格羅斯曼、米列娃在蘇黎世理工學院的
四年學業告一段落。稍長幾歲的貝索早已搬回義大利，從事
電機工程工作。雖然愛因斯坦試圖說服他離開工作（「真是
浪費他的聰明才智，」那年他寫信跟米列娃說），但也尊重
貝索的決定，免得他成為家中的經濟負擔。格羅斯曼準備去
高中教書，卻一心一意想要做研究，後來他去念研究所，攻
讀純數學，那正是難倒較實際的愛因斯坦的學科。米列娃左
右為難，不知該為繼續深造（並為男友）留在瑞士，還是回
去和在貝爾格勒附近的家人團聚，而眼下她得去探望他們。
　　愛因斯坦也陷入困境。他迫切想要成為研究科學家，
但由於他的違逆與蹺課，惹惱了主要物理老師韋伯教授，韋
伯拒絕寫推薦信給其他教授或校長，而學生畢業後找到這類

工作，通常要有推薦信。愛因斯坦厚著臉皮，試著自己寫信向以前的數學老師赫維茨（Adolf Hurwitz）教授解釋：雖然事實上，赫維茨的課他大部分都沒去上，但他想「謙卑的詢問」，是否有榮幸擔任赫維茨的助理。出於某種原因，赫維茨不為所動，而事實上他那裡也沒有工作機會。愛因斯坦不斷寫求職信，並寫信告訴米列娃「以我的條件，我很快就能為北海到義大利南端的每一位物理學家增光，」但他全都遭拒絕。

他為此特別難過，因為他知道家中需要更多收入。稍早前他告訴瑪雅，「我最感到沉重的當然是可憐的父母的〔財務〕困境。我深感悲哀，我，一個成年男子，竟然只能袖手旁觀，連最起碼的事情也幫不上忙。」

愛因斯坦在瑞士當了一陣子高中老師，甚至擔任年輕英國人的家教一段時間後，在1901年回義大利和父母親同住。父親赫爾曼察覺兒子很沮喪，決心要幫忙。奧斯特瓦爾德（Wilhelm Ostwald）是當時德國最偉大的科學家之一，赫爾曼決定寫信給他，信上解釋，「吾兒阿爾伯特今年二十二歲……非常悶悶不樂……他認為自己脫離了事業正軌，眼下脫節更是日益嚴重。」赫爾曼請求教授給愛因斯坦寫「幾句鼓勵的話，讓他能恢復歡樂。此外，如果您目前或明年秋天能提供他一份助理職位，我將無限感激。」當然，這件事只有他們兩個人知道，因為「吾兒對我這不尋常的舉動一無所知。」他的懇求發自肺腑，卻東拉西扯，和赫爾曼大部分

的生意投資一樣徒勞無功。奧斯特瓦爾德從未回信。

　　至於愛因斯坦與米列娃的關係，雖然他母親還沒有見過她，但很受不了這個兒子一天到晚提到的女孩 —— 你們想想看，什麼樣的女人才配得上她兒子？寶琳更利用「愛因斯坦無法賺錢養家」為理由，堅決阻止他寫信給這個非猶太女子。這種道德酷刑過了三個星期，無奈之下，愛因斯坦寫信給格羅斯曼，問格羅斯曼有什麼辦法能幫他，讓他不用住在家裡。當時格羅斯曼透過家人的關係，促成愛因斯坦在伯恩專利局的面試機會，愛因斯坦立刻回信，「收到你的信時，我深受感動，你並沒有忘記這個不走運的老朋友。」

　　這根本不是愛因斯坦原先為自己設想的職業，但專利局的工作算是有用的謀生方式（如果能錄取的話），或許也正好可以避免他和米列娃的關係受母親阻撓。1901 年稍早時，愛因斯坦已取得瑞士國籍，這有助於通過申請程序，其中包括私家偵探的暗中調查，他發現愛因斯坦先生作息正常，很少喝酒，因此應當獲批准。但即便如此，這個職位似乎頗令人失望，只不過是他嘗試返回學術體系時，賺取穩定薪水的方式罷了。他在父母面前還得佯稱這是好工作，一點問題也沒有。

　　至少他和米列娃的關係，一切都很順利，因為他還在義大利北部陪伴父母時，她已經回到瑞士，兩人不至於離得太遠。他們會互相寫信，聊科學和愛情 —— 而且他們可以安排見面。

我親愛的娃兒！……今天晚上我在窗邊坐了兩個小時，思考如何決定分子力的交互作用定律。我想到一個很好的概念。星期天再告訴妳……

啊，用寫的好蠢。星期天我要當面吻妳。願我們幸福團圓！

問候及擁抱！

妳的阿爾伯特

PS：愛！

他們終於見面了也親吻了，就在居高臨下可以看到科莫湖的瑞士阿爾卑斯山區。米列娃寫信給最要好的朋友，描述和男友如何在六公尺深的雪地穿越山路。

我們租了一輛很小的〔馬拉〕雪橇，那裡都用那種雪橇，空間只夠熱戀中的兩人相依偎，車夫站在後方的小板子上……稱呼妳「夫人」——妳想，還有什麼比這更美妙的事？
……那裡什麼也沒有，除了雪和一望無際更多更多的雪……我把心上人緊緊摟在大衣底下。

愛因斯坦一定也緊緊摟著她。「多麼美妙，」他寫信給

她，「〔當〕妳讓我緊貼著嬌小的妳，用那最自然的方式。」1901 年 5 月他們的假期結束時，她懷孕了。鑑於當時的民風習俗，米列娃發現時別無選擇，只能回娘家待產。九個月後，愛因斯坦寫信給她。

> 伯恩，星期二〔1902 年 2 月 4 日〕
>
> 結果真的是個小女孩，如妳所願！她健康嗎？會不會哭鬧過度？她的小眼睛長什麼樣子？她餓不餓？
>
> 我好愛她，我還不認識她呢！

他們女兒的下落少有提及，因為這種背景的未婚情侶，幾乎不可能撫養私生子。雖然他們為女兒取名為麗莎兒（Lieserl，伊麗莎白的暱稱），但間接證據顯示，她後來被人收養，可能是送給了住在布達佩斯的世交。愛因斯坦再也沒提過她。

落腳專利局

經過一連串面試，愛因斯坦錄取了專利局的工作，因為他朋友格羅斯曼的父親幫忙說了好話。專利局不在蘇黎世，而在小很多的伯恩市，但地點尚可接受，不過工資並非愛因斯坦原本期望的。他本來申請二級技師的職位，但專利局局長哈勒對愛因斯坦缺乏技術能力感到失望，只給了工資較低

的三級技師職位。

　　愛因斯坦接受這個職位，但他需要更多錢。他像父親一樣具有創業精神，於是在1902年，他在當地報紙刊登廣告：

數學及物理私人課程
為青少年學子提供最全面的教學
阿爾伯特‧愛因斯坦擁有聯邦理工學院教師文憑
正義街三十二號一樓
免費試上

　　但是，就算愛因斯坦像他父親一樣精力充沛，但對於做生意的細節他們也同樣不太精明。雖然他真的招來了幾個學生，但他太高興、太健談了，以致和大部分學生變成朋友，覺得不該向他們收費。不過，他倒是設法慢慢攢了一些積蓄，包括來自他繼續收費的一位學生，這學生描述了這段時期的愛因斯坦，寫道：他的家教老師「一百七十五公分高、肩膀寬闊……性感大嘴……嗓音……宛如大提琴的音色。」

　　愛因斯坦也試圖持續進行研究，但是很難。專利局一週上班六天，伯恩有一間不錯的研究圖書館，但週日休息，那是他唯一的休假日。他太自負了，以致不願意讓任何人知道他的生活有多艱難，當然也因為太自負，以致不願意向韋伯教授道歉，卑躬屈膝的回到學術界。

愛因斯坦在事業方面也許一直不順遂，但感情生活卻是他夢寐以求的。米列娃有從娘家帶來一些積蓄，兩人的錢加起來，正好供得起夠他們的公寓。她搬回瑞士，他們在1903年1月於伯恩市政廳結婚。那時他快滿二十四歲，她二十八歲。要是不想念女兒，那他們簡直不是人了。「只要我們活著，就要像學生時那樣，」愛因斯坦意氣風發寫道，「對這世界毫不在乎。」

　　對於他的選擇，他母親還在生氣，並讓每個人都知道（尤其是兒子），她有多討厭米列娃小姐。但忠誠的妹妹瑪雅勸母親給愛因斯坦的妻子一次機會。米列娃倒是很有自信，最後一定會贏得愛因斯坦家族的心，正如她跟一位女性友人說的：她只不過是找到一位受母親看重的人，讓自己成為那人的賢內助，那麼，這位母親也應該看看她多麼有心，不是嗎？

　　技巧嫺熟的小提琴手總是備受賞識，得益於此，幸福的小倆口在伯恩結交了不少新朋友。愛因斯坦經常受邀到別人家裡演奏，因為那些人家希望家族音樂晚會能增添一項樂器表演。他和米列娃也持續和永遠忠誠、隨和的貝索見面，他不久就從義大利搬回瑞士，也在專利局找到工作。愛因斯坦告訴貝索，「我現在是已婚男人……〔米列娃〕把一切照顧得很棒，是個好廚師，而且總是開開心心的。」貝索也結了婚，愛因斯坦在中間參了一腳 —— 把他介紹給前女友瑪莉的家人，貝索非常喜歡他們家，結果他向瑪莉的姐姐安娜求

婚，不久就生了一個兒子。這兩對夫妻相處融洽。「我很喜歡他，」愛因斯坦寫到貝索，「因為他敏捷的頭腦和他的單純。我也很喜歡安娜，尤其是他們的小孩。」到了1903年年底，愛因斯坦和米列娃搬進一間公寓，擁有俯瞰阿爾卑斯山的小陽台。他們會擠在陽台上（有時和朋友，有時只有他們兩人），新婚燕爾的小夫妻很惜福知足。

愛，打破孤單

自從青少年時期以來，愛因斯坦就不時感到極度孤單。如今，即使所愛的人陪在身邊，他仍感覺到人與人疏離的隔閡，即便他們本來很親密或曾經住在同一個屋簷下。他對米列娃傾訴，他和妹妹已經「變得對彼此非常不瞭解，以致我們無法……察覺到什麼才能感動對方，」而且有時候「其他人對我來說似乎很陌生，彷彿遭無形的牆擋住。」米列娃竟能突破這道牆，簡直是奇蹟。

當他們第一個婚生子女，兒子漢斯阿爾伯特（Hans Albert）於1904年誕生時，他們的收入還是很低。（「當我談到火車不同車廂的時鐘實驗時，」愛因斯坦後來回想他不久後即將展開的研究，「我依然只擁有一個時鐘！」）但這個小家庭該有的都有。愛因斯坦的手很巧，他沒有買昂貴的玩具給兒子，而是利用日常用品即興發揮，有一次拿火柴盒和細繩，打造了一整組會動的迷你纜車，那是他兒子幾十年後

依然珍惜的回憶。

　　那是一段快樂的時光。愛因斯坦和米列娃之間的愛情，讓他們克服了女兒送人收養的痛苦、事業的挫折、貧窮的陰霾。有了愛情，想必任何難關都能克服。

第 三 章

愛因斯坦的奇蹟年

愛因斯坦首度有了重大突破，是1905年在專利局工作之時。

專利局正如他擔心的那樣，在許多方面既規規矩矩又綁手綁腳。專利局是瑞士聯邦行政部門的一部分，有嚴格的層級結構。幾十位訓練有素的員工，一整天在幾乎一模一樣的高辦公桌前工作，不斷受人監督，而愛因斯坦不過是其中的一員。

沒想到，這工作倒是挺有趣的，而且對愛因斯坦重返學術界的夢想有很多好處。其中一個好處是，他在專利局負責審核新設備的申請案，判斷這些設備的原創性是否足以獲得專利，尤其是電機工程領域。這有點像是如今的「矽谷最新高科技產品先睹為快」，他為了審核那些申請案，發展出了一些原理，其中有許多在他後來的研究上很有用。

這工作的另一項優點，就是讓他有從事業餘研究的自由。雖然上司哈勒先生很迂腐，卻完全容忍愛因斯坦把閒暇都花在自己的研究論文上。哈勒的腳步聲一接近，愛因斯坦就急忙把論文推到一旁，或塞進辦公桌的抽屜（他嘻皮笑臉的稱這抽屜為他的「理論物理部門」）。

全力投身研究

愛因斯坦知道，獲得大學職位的唯一機會，是提出強而有力的研究成果。他感受不到發表「初步、不完整的研究成果」的壓力，如果他已經在大學任職，且正努力晉升，就會面臨那種壓力（「膚淺表象的誘惑，」他後來寫道，「唯有個性堅強的人方能抗拒」）。

即使任務令人望而生畏，他也不打算讓任何人知道事實上有多艱難 —— 也許，除了妻子吧，但她自己也有事業上的挫折。米列娃找不到學術方面的職位，只能關在家裡帶孩子，眼看著自己的研究夢想破碎。兩個相愛的人互相憐憫，是再自然不過的了，儘管造成他們痛苦的原因各自不同，且正慢慢擴大他們之間的鴻溝。

晚上，愛因斯坦會和貝索等人一起散步，其中包括名叫索洛文（Maurice Solovine）的新朋友，他是年輕的羅馬尼亞人，愛因斯坦那時還在當物理家教，索洛文曾經上過他

的課，從此成為他的死黨之一 —— 不過，他上了愛因斯坦一兩堂課之後，就放棄物理學改讀哲學。有時米列娃也會加入；有時只有男人們。他們會在鄉間酒吧停下來休息，吃些乳酪，喝杯啤酒或愛因斯坦喜歡的摩卡，聊聊健康的食物或逐漸廣為人知的時髦「有氧運動」健美班，談談政治和哲學，以及他們對未來的所有夢想。

夏天，如果聊到很晚，愛因斯坦和朋友會去伯恩郊外的山上繼續聊，愛因斯坦有時白天也會和貝索的家人去那裡。「星光閃耀的景象，」索洛文寫道，「讓我們印象極為深刻。」他們會在那裡等待，索洛文繼續寫道，「當旭日冉冉升向天際，最後以輝煌燦爛之姿現身，阿爾卑斯山沐浴在神祕的玫瑰色澤裡，令人驚歎不已。」

物理學，以及世界如何形成等基本概念，自然是此時的話題。自從理工學院畢業那年以來，愛因斯坦研究領域中的一切都在加速進行。

馬可尼不僅發送無線電波跨越了英吉利海峽，還跨越了大西洋。巴黎的居禮夫人在鐳礦中，發現了看似源源不絕的龐大能量；德國的普朗克似乎已指出，能量並非以平穩的方式，從逐漸加熱的物體中流出，而是以奇特且突然的間隔「跳躍」（後來稱為量子跳躍）。熱力學是偉大的奇蹟，宇宙如何懂得以如此精確的方式來轉移熱量？此外，一切事物皆符合兩種看似完全平衡的範疇 —— 能量範疇及物質範疇

（科學家逐漸將後者視為質量[*]範疇。），這實在太奇怪了。這一切的背後，必定有某種簡單的統一性，愛因斯坦、索洛文等知己好友都相信：只要區區幾個深奧原理，即可解釋宇宙為何形成，又如何使一切得以運行。

不過，是什麼樣的原理呢？

充滿希望卻又茫然

他們經過漫長的散步並在山上思考之後，會在最近的咖啡店很快喝杯咖啡，然後一起走回城裡，這些流浪了一宿的人，將在城裡展開各自的上班日。「我們精力過剩，」索洛文回憶，「沒有睡眠的必要。」

唯一的問題是，愛因斯坦還不像表面上看起來那麼有自信。他知道父親的願望從來不曾實現，生意投資接二連三都不順利，害得父母老是要靠有錢親戚援助。他也眼看著他最要好的朋友，為了鐵飯碗捨棄遠大夢想。米列娃經歷了麗莎兒的誕生及後來的棄養，早把研究擺一邊；貝索也不做研究

---

* 早期科學家使用的名詞和現在的名詞，含義上有細微差別。對十八世紀末的拉瓦節等人來說，以「物質」（matter）來思考是很自然的，如今我們則把物質視為「物體中的原子數量」。二十世紀初，「物質不滅」的觀念逐漸轉變為以「質量守恆」來理解。這有什麼不同？「質量」（mass）最容易想成是「物體抗拒加速的度量」。一枝筆很容易加速，一座大山很難加速，因此後者具有較大的質量。曲折之處在於，這兩種不同的觀點有很密切的關連：山很難加速，最主要是因為其中有較多的原子。

了，先是回去家族的工程公司幫忙，後來則是跟愛因斯坦一起在專利局工作。

雖然愛因斯坦和貝索在白天的工作很有趣，但那並不是他們曾夢寐以求的創造性工作。愛因斯坦知道，1660年代，偉大的英國人牛頓爵士不過二十幾歲，不僅提出了微積分的概念，而且在母親的林肯郡農場裡，因為一顆掉下來的蘋果而靈光乍現，因而提出偉大的萬有引力定律，這個定律就可以解釋種種現象，從地球內部延伸至草地上的蘋果樹，延伸至飛馳在四十萬公里以外軌道上的月球。此時，愛因斯坦也在同樣的年紀。那他的重大發現在哪裡呢？

愛因斯坦會不會也成為那些一輩子在場外旁觀，羨慕別人有成就的人？對妹妹瑪雅而言，他是天才，是無所不能的大哥。但愛因斯坦本人比較悲觀，這倒也情有可原。閒暇時，他試圖整合概念以便發表，但隨著他滿二十四歲、接著又滿二十五歲了，卻沒有一個概念是他所期望的；沒有一個概念是很有深度的。他研究「有助於使液體在吸管內向上彎曲」的作用力，但並未得出任何深奧的創見。假如他沒有成為「愛因斯坦」，這些論文恐怕早就給遺忘了。

時間一分一秒過去，就在他快滿二十六歲時，驚天動地的大事發生了。1905年春天，在一片混亂中，愛因斯坦打破僵局，開始撰寫一系列的五篇論文，沒多久，竟使物理學整個改觀。

貫通物質世界的兩邊

　　大約在二十六歲生日那段時期，愛因斯坦的心思在許多方面遊走。他不斷思考空間和時間、光和粒子，並且開始撰寫有關這些題目的論文初稿。但在寫論文的同時，他也發現自己又回到先前的揣測：除了之前學過的，宇宙難道沒有某種更深層次的統一性？

　　愛因斯坦的成長經歷，或許並未給予他最敏銳的生意眼光，卻為他的這種「知識新奇感」做好十足準備。正如挪威裔美國經濟學家范伯倫（Thorstein Veblen）所言，當家庭歷經從宗教信仰到世俗主義的轉變，孩子長大後，往往對任何終極真理的主張，抱持懷疑的態度，無論這主張是來自宗教、科學或其他任何方面的權威。愛因斯坦受到這種懷疑主義的塑造，他們家族的其他成員也一樣，尤其是妹妹瑪雅，瑪雅對事物的非傳統觀點，體現在辛辣的諷刺感上。（多年後，她回想愛因斯坦有一次發脾氣，拿一顆很重的球丟她的頭時提到，「這應該足以顯示，頭殼要很硬，才當得了知識份子的妹妹。」）

　　瑪雅的懷疑心態讓她發展出嘲謔風趣，但對愛因斯坦而言，同樣的特質，使他質疑學到的一切事物，無論是在慕尼黑的中學、在蘇黎世理工學院或自己閱讀時學到的。他與生俱來的懷疑心態不斷增強至這一刻，況且，他的鬥志也會派上用場。

在進行1905年的驚世研究時，愛因斯坦開始認真探討：維多利亞時代的前輩科學家認為完全獨立的兩種範疇，是否真的沒有任何關連。當時主流的觀點，就如同他的父親、叔叔、家庭友人在他小時候向他解釋的，也如同在蘇黎世理工學院時，他和班上所有同學曾深入鑽研的：宇宙分為兩大部分，有能量領域，科學家以字母E稱之；還有物質領域（更確切來說是質量領域），符號以字母M來表示。

對愛因斯坦之前的科學家而言，這就像是整個世界分為兩大圓頂城市。圓頂城市E存在能量，那裡有閃爍的火焰、呼嘯的狂風等等。另一個遙遠而獨立的圓頂城市，則是M的地盤，那裡存在我們世界上的山脈、火車等所有其他的實體重物。

愛因斯坦確信，一定有一種統一它們的方式。他不太信奉的上帝，沒有理由在創造宇宙時，剛造好了兩個部分就莫名其妙停下來。照理來說，祂應該會進一步創造更深層次的統一性才對，我們所看到的一切，應該只是不同的表現形式而已。

科學往往被形容成是在「消滅天堂」：掃除天堂的神祕力量與諸神，在這個世界上，只要用冷冰冰的理性，即足以解釋我們看到的一切。但愛因斯坦學過科學史，他知道並非只有他才感覺到事情不只是這樣。牛頓也曾意有所指寫道，他只不過是在所發現的定律中，看出上帝的意圖罷了。

牛頓的一生跨越了十七、十八兩世紀，研究如今所謂的

物理學，也研究如今我們視為不同領域的神學與聖經史，他看不出這些研究之間有何區別。他相信《聖經》隱含上帝制定的真理，這助長他深信，宇宙也藏有造物主的祕密。

久而久之，對大部分的科學家而言，牛頓的宗教假設，逐漸被視為科學早期階段的遺跡，猶如蓋房子的鷹架，一開始可能有需要，但等到時機成熟便可撤走，讓科學探索的「機器」靠自己運轉。機械宇宙（clockwork universe）的觀念開始接手：宇宙具有錯綜糾結的內在部分（零件），也許一開始上帝曾經上緊發條，但之後宇宙就可以自動的自己進行下去，「神的假設或存在」的必要性逐漸淡出，走入歷史。十八世紀，尤其是十九世紀時的研究人員，如果對此不贊成，就會被視為是年輕時遭灌輸了過時觀念，他們對宗教團體的效忠或許很感人，然而除此之外，他們的信仰是沒有意義的。

愛因斯坦跟這些人不同。他曾經說過，對最高層次的科學家而言，科學超越並且取代了宗教：「〔他們的〕虔誠情感所表露的，是對自然法則的和諧性萬分驚奇，自然法則展現的智慧如此優越，相較之下，人類所有的系統性思維與舉動，根本是微不足道的想法。」凡是沒有這種驚奇感的人，簡直「有如行屍走肉，眼睛毫無神采。」牛頓早已指出，我們的宇宙是根據精粹的法則構織而成的，精粹得有如他在《聖經》裡發現的神聖指示。現年二十六歲的愛因斯坦，已經準備好要做同樣的事了。

那麼，如果宇宙實際上根本不是劃為壁壘分明的兩邊，那又如何？利用先前的比喻，如果兩個圓頂城市並非位於遼闊大陸的不同地區，完全遭隔離，而是有一條祕密通道在其間，一個城市裡的任何東西，皆可飛快穿越通道，現身在另一個城市裡，那又如何？如果圓頂城市 E 的一切能量，皆可穿過通道變成質量 M，而圓頂城市 M 的一切質量，皆可穿過通道變成能量 E，那又如何？

想像這兩個圓頂城市之間有通道，有點像是想像：「燃燒的木頭上閃爍不定的熊熊烈火」和「木頭的木材質料」，本質上沒有不同；木材可以用某種方式，爆炸開來變成火焰，或者反過來，火可以在壓縮後變回木材。簡單來說就是：能量可以變成質量，質量可以變成能量。或更簡單的說：E 可以變成 M，M 可以變成 E。

深入探索質與能

能量和質量是同一件事的可能性，對愛因斯坦來說還不明確。然而，1905 年夏天，隨著他的其他研究即將告一段落，他發現可以繼續深入探索。

能量與質量相通的觀念（有通道連結城市 M 與城市 E），是愛因斯坦 1905 年系列論文的核心。在發表這項激進的理論之前，他必須回答的問題是：在我們的現實世界裡，M 和 E 之間的通道如何運作？它是把物體直接來回轉移，還

是物體往某一邊移動時，會被放大，往另一邊移動時會被縮小？在第一種情況下，就像是世界上只有兩個城市，比方說慕尼黑和愛丁堡，在兩個城市之間有一條無形的通道，人們可以飛快的來回轉移，而不會改變體型，只是讓他們抵達時突然有特異功能，變成會說當地語言。在第二種情況下，就像是每個城市居民在抵達另一個城市時，體型都會改變，有點像《愛麗絲夢遊仙境》裡的愛麗絲。但哪一個城市的居民轉移時會縮小？哪一個會增大？

1905 年夏末，愛因斯坦解答了這個問題。他指出，宇宙受到這樣的安排：「質量」城市裡的物體轉化成能量時，會自動膨脹。以慕尼黑和愛丁堡的例子來看，胖乎乎的慕尼黑市民進入「變身通道」時，身高只是普普通通，但是當他們結束驚異之旅抵達愛丁堡，從通道出現時會變成顫顫巍巍的能量巨人，高達幾百公尺，在城市裡大搖大擺，彷彿高聳的摩天大樓在走路。反過來說，愛丁堡人飛快穿越通道抵達慕尼黑時，會縮得非常小，以致當這些驚慌失措的小東西出現在慕尼黑時，會比路邊攤烤香腸裡的碎絞肉還要小。

提出 E = MC^2 新觀念

每一邊在轉換時，會有多大的變化？在解答這個問題時，愛因斯坦提出了全新的方法，這是他在那神奇的一年想出來的 —— 這個概念宛如一著妙棋，令人意想不到。我

們習慣認為，如果在靜止的車子裡開大燈，朝前方照射的光線會以一定的光速前進，如果車子開動，且開到時速100公里，光線的時速也會再加100公里。然而，愛因斯坦由深奧的原理得出結論，認為情況並非如此，他獨具慧眼指出：能量與質量可以互相轉換，它們其實是同一件事，只是名稱不同而已。

到了這段時期，科學家早就知道光速非常快，大約是 1.08×10^9 公里／小時（3×10^8 公尺／秒）：光訊號從地球傳至月球不到兩秒鐘，穿越整個太陽系只需短短幾小時。光速符號 c 由拉丁文 celeritas 而來，意思是速度。

質量穿越「變身通道」時，就算只以光速的倍數放大，產生的能量也已經非常驚人。但愛因斯坦的計算指出，即使這樣還不夠看，c 要再乘上 c，產生更大的數字 c^2：大約是 1.17×10^{18} 平方公里／平方小時（9×10^{16} 平方公尺／平方秒）。這才是任何一點點質量轉化成能量時，放大的倍數。質量可以變成令人難以置信的龐大能量。天文數字 c^2 說明，變化的程度到底有多大。用簡單的公式來說，就是 $E = mc^2$。

質量中的固有能量，大部分時間都隱藏起來，因為地球上幾乎所有物質都非常穩定。愛因斯坦常把普通岩石或金屬裡頭的能量，形容為「一堆金幣，由超級富有的守財奴保存著」，如果釋放出來，可以產生很大的效應，卻一直被守護在裡面，因此外界看不出來。不過在1905年，有些專家正想方設法，好讓一點點能量釋放出來。

巴黎的居禮夫婦瑪麗和皮耶，早已因為數項實驗而聞名，他們在實驗中發現，輻射熱（一種能量形式）會從純鐳礦石顆粒中散發出來：時復一時、日復一日、年復一年。如今我們明白，那些熾熱的能量，都是由極少數的原子轉變而來的，那飛快產生的熱量是質量乘上 c^2 的倍數。愛因斯坦得知居禮夫婦的研究，於是在1905年的最後一篇論文結尾指出：「驗證此理論是有可能的，或許可利用能量含量變化程度極高的物質，例如鐳鹽。」（那時他還很謙虛，知道任何偉大的概念都需要某些證明。）

　　夏去秋來，愛因斯坦對他的第五篇，也是最後一篇論文做了最後的修飾，寄去給德國期刊《物理年鑑》（*Annalen der Physik*），將來會如何，他一無所知。

　　只是四十年後，有一個偉大的國家竟然把純鈾拿來利用，使幾盎司的整塊金屬轉變為能量，這符合他的方程式 —— 當質量從物質狀態「消失」，瞬間展現為純能量時，每一絲一毫的質量都乘上天文數字 c^2 而變得奇大無比。結局就是，一股龐大的能量在廣島上空暴發，摧毀了整個城市，引起火災、颶風般的狂風，以及驚人的強烈閃光，閃光照射到月球又反射回地球。1945年，當時流亡美國的愛因斯坦在收音機上聽到消息，痛心極了，轉身向長期跟隨的祕書說，早知道會發生這樣的事情，當初他連區區的舉手之勞也不會幫。

最不可思議的一年

　　這一切，都在很久以後才會發生。眼下，這位年輕的物理學家對自己的研究很滿意。他投到《物理年鑑》的倒數第二篇論文，指出光速在範圍甚廣的觀念中扮演的重要角色。這篇論文發表於1905年9月，其中的研究，正是後來變得眾所周知的狹義相對論。該論文發表的第二天，《物理年鑑》收到他的最後一篇論文，指出狹義相對論的一項特殊後果：質量和能量可以互相轉換。狹義相對論的衍生研究發表於1905年11月21日，愛因斯坦奇蹟之年就此大功告成：這一年，對愛因斯坦及全世界來說，都是最不可思議的一年。

　　在短短幾個月內，沒沒無聞的愛因斯坦發表了科學史上幾篇最重要的論文。他看出了宇宙內在運作的安排有多明確，正如質量與能量之間那條從來沒有人想像得到的通道，竟然用 $E = mc^2$ 就可非常精準的描述。他的1905年系列論文裡的種種概念，將會逐步改變我們對一切事物的理解，從光的作用，到空間與時間的本質等等。其他物理學家也漸漸瞭解他的研究，讓他嘗到備受同儕尊重的滋味，這是愛因斯坦期盼已久的。然而，1905年秋天，就在他那年最後一篇論文發表時，愛因斯坦只能想到眼前的事 —— 以及未來還有多少路要走。

　　愛因斯坦愈來愈有自信，但離「自命不凡」還差很遠。當他最初想出最後那篇論文的概念（連結E和M）時，他曾

寫信跟一位朋友說,「這個概念既有趣又誘人,但上帝是不是在嘲笑我、誤導我,這我就不得而知了。」

他也因為幾個月來的勞累而精疲力盡。他完成這一切的同時,還在專利局每週上班六天、每天八小時。他終於大功告成時,和米列娃出去喝酒,這對他們來說很難得:除了偶爾喝點啤酒,愛因斯坦很少大喝特喝,兩人通常只是坐在桌子旁邊喝茶或喝咖啡。看得出來,他們沒什麼喝酒的經驗,因為隔天兩人署名的一封明信片留存至今,上面寫著:「天哪!我們兩個喝得爛醉如泥,醉倒在桌子底下。」

第 四 章

一切都才剛開始而已

勞厄（Max von Laue）是著名柏林物理學家普朗克的私人助理，1907年夏天，他身負使命奉派前往伯恩，去拜訪1905年在備受推崇的《物理年鑑》上發表那些傑出論文的人。

當勞厄到了伯恩，查了半天才發現，那個他以為是「博士先生愛因斯坦教授」的人，並不在伯恩大學，而是好像在專利局所在的那棟郵政大樓裡。勞厄走到郵政大樓，說他要找教授。過了幾分鐘，一位彬彬有禮的年輕人走進等候室。勞厄沒理睬他，只顧等著教授出來。年輕人顯得很困惑 —— 為什麼把他叫來，卻沒有人跟他打招呼？只好又回到三樓他的辦公桌前。

勞厄再去問一次：教授下個樓，想必用不著這麼久吧？勞厄又等了一陣子，愛因斯坦進來第二次。這時普朗克的助

理才明白，這個人，一定就是那位偉大的思想家：不是教授，連博士都不是，沒想到，他只不過是郵政大樓裡的一個小公務員而已。

難 解 的 研 究

瑪雅還記得，愛因斯坦本以為他在《物理年鑑》發表的論文會立刻受到矚目，但當時卻似乎完全遭到忽視，他於是大失所望。遭忽視的一半原因是，他沒有用一般的科學形式來撰寫研究成果，沒有附上一堆注釋、引用著名教授先前的研究。他的主要論文裡，注釋很少，但在最後一段，他衷心感謝好友貝索，因為當他們在伯恩郊外散步時，貝索和他一起反覆深思討論物理學。但另一半原因則是，愛因斯坦的研究成果很難理解。

愛因斯坦利用很普遍的原理推導出他的理論。這項技巧使他在專利局得心應手，他在那裡，早已學會如何利用這些更高深的原理，來判斷某項發明是否可行。舉個例子，如果有發明家說，他送來備審的設備使用永動機，愛因斯坦馬上就知道，他可以駁回這項申請了。在我們這個具有摩擦力與熵的凡塵俗世裡，不可能有永動機。然而，當愛因斯坦的簡單抽象方法應用在志向更遠大的研究項目時，他的科學同儕往往很難接受他的理論，更不用說參與其中了。

在他1905年的論文中，愛因斯坦利用一系列的這類高

階原理，得出了令人震驚的奇妙概念。$E = mc^2$ 就出現在他 11 月發表的論文裡，論文中堅稱（這是相當精確的描述），能量就是質量的一種極為分散的形式，而質量則是非常緻密的能量。對任何受過維多利亞時代主流科學教育的人而言，這個論點已經夠驚人了。而那道方程式，正是他先前 9 月的論文裡，較廣泛的狹義相對論的一項結論 —— 這項理論，完全改寫了「觀察空間和時間上的事件」代表的意義。

除了愛因斯坦從 $E = mc^2$ 梳理出來的那些結論之外，狹義相對論的其他結論也同樣離奇。在 9 月的那篇論文中，愛因斯坦指出，如果我們觀看一列跑得非常快的火車，我們會看到火車在運動方向上變短了。如果火車跑得超級快，再長的火車，也會變得不到一張郵票厚。時間也不是我們所想像的那樣。我們習慣認為，時間對所有人來說始終以同樣的速度「流逝」。但是，假如某人坐太空船以高速加速遠離地球，他會看到我們人類全體在區區幾分鐘內倏忽過完幾個世紀，而地球上的我們，如果拿超高倍的望遠鏡來觀看太空船上的旅行者，則會看到他的生活慢到幾乎停住了。地球上的觀看者和太空船上的旅行者，都會覺得自己的生活才是正常的，改變的是別人。

這麼奇怪的事情，真的會發生嗎？許多物理學家（至少是那些費心研究愛因斯坦理論的人）起初反對這個觀念。那時理論物理學仍是非常小眾的學術領域，慕尼黑的傑出學者索莫菲德（Arnold Sommerfeld）是該領域中少數幾位教

授之一,他私底下寫信給朋友,「〔愛因斯坦的〕這項無法理解、無法想像的武斷論點,在我看來,涵義幾乎是不健全的。英國人根本不可能產生這種理論;也許它反映出……猶太人的抽象概念特色。」

然而,當索莫菲德仔細研究愛因斯坦的推論時,連他都認為,這是無可辯駁的。我們察覺不到這些奇怪的結論,因為它們往往只有在極高的速度下才看得出來,或是在原子的結構非常脆弱,以致飛散開來(如同居禮夫人大惑不解的鐳樣本)的罕見情況下,才看得出來,但是假如我們有辦法進入那些範疇,就會明白,愛因斯坦描述的所有奇特行為都是真的。

到了1907年年中,物理學家才逐漸接受愛因斯坦的想法,距離他的最後一篇「奇蹟年論文」發表時間,已經過了一年半左右。勞厄是第一個去伯恩拜訪愛因斯坦的重要科學家。愛因斯坦逮住機會,不只是為了跟科學界的菁英來往,而且也想看看這麼一來,有沒有辦法讓他離開專利局,找到一份學術職位,那是他長久以來一直無法如願的。

愛因斯坦獲得恩准,忙裡偷閒和勞厄走在伯恩的街道上,談論柏林、海德堡等重要科學研究中心的最新發現。一如往常,愛因斯坦抽的是便宜雪茄,他很慷慨的請勞厄抽一根。(但勞厄習慣抽品質好一點的菸草,很有技巧的把雪茄「遺失」在橋邊。)儘管愛因斯坦提出建議,也很有禮貌的寫了幾封後續信,這次見面之後,還是沒有人給他工作。

設法離開專利局

　　愛因斯坦依然待在專利局，在一張普通的辦公桌前繼續為哈勒局長效勞，如同五年來那樣。失望之餘，他懇求從前伯恩的一位老朋友搬回來和他一起上班。「或許有可能把你弄進來，一起做專利局的苦工，」愛因斯坦熱情的寫道，「⋯⋯別忘了，除了上班八小時，每天還有八小時可以鬼混⋯⋯你在這裡該有多好。」朋友並沒有接受他的提議。

　　隨著他1905年的成就逐漸淡去，專利局依然一週要上六天班，伯恩唯一的科學圖書館週日還是休息，愛因斯坦再度感受到，自己正在遠離學術界。他並不是沒有試過另謀職位。他知道，去高中教書會讓日子好過一點，在專利局上班實在很痛苦，愛因斯坦動不動就問好友格羅斯曼，如何在瑞士的學校裡找到一份鐵飯碗的工作：他說的是標準德文而不是瑞士方言，這樣會不會有影響？他該提到他的科學論文嗎？要親自去拜訪校長嗎？他看起來一副猶太人的樣子，會不會礙事？無論格羅斯曼給他什麼建議，都沒有多大的幫助。後來愛因斯坦真的去蘇黎世附近的一所高中應徵，他是二十一位求職者之一，其中有三位獲選參加後續面試，但專利局職員愛因斯坦並不是其中之一。

　　愛因斯坦也試過去伯恩大學教書。1907年6月，他第一次去投石問路，被告知需要先完成一篇學位論文。由於沒有學位論文，他以1905年的論文代替，其中至少三篇有資格

獲得諾貝爾獎：9月那篇提出狹義相對論、11月那篇指出 E ＝ mc^2 是狹義相對論推衍的結果，此外還有一篇論文，他在文中提出對光子的深刻理解。那年的另一篇論文（根據簡單的顯微鏡觀測，證明原子的存在），可能也有資格獲得諾貝爾獎。但是大學主管回信解釋得很清楚：或許愛因斯坦先生還不明白，這裡是瑞士，有官僚體制的資格要求；他必須送來一份學位論文，而不是什麼雜七雜八的論文。他的申請遭到拒絕。

空 間 是 平 的 嗎 ？

愛因斯坦困在專利局裡，只有勞厄之類的人偶爾來訪，但他並沒有放棄。他知道他探討的問題是科學認知的極限，以致連最偉大的人物也會犯錯。他也知道，他在 1905 年已經解答了最重要的科學問題之一：宇宙為何分成這麼多獨立的「部分」？他的答案很驚人，他說根本不是這樣，而是：質量和能量關係如此密切，以致兩者可說是一體的兩面。他甚至揭露，宇宙究竟是如何安排的，使得互有關連的質量和能量可以來回轉換。這一切，盡在 E ＝ mc^2 這道方程式裡。

看來毫不相干的事物竟然彼此相通，有了這樣的發現之後，愛因斯坦再接再厲，準備更上一層樓。假如宇宙所有的質量和能量都互有關連（我們可非正式的將其視為，所有的「事物」都互有關連），為何還剩下看似獨立的「空空的」

空間領域？有第二種領域在那些質量和能量等事物的旁邊（在宇宙的所有火車、火、行星、恆星旁邊），這樣好像不太統一。科學怎麼可以突然喊停，不讓整個「空間」也和其中的所有「事物」混在一起，用一套大道理「一以貫之」？

愛因斯坦開始對更廣泛的背景感到好奇，所有能量和所有質量（宇宙所有的「事物」）都在此背景裡運動。一定有某種力量在傳送、導引它們。在我們周圍那又平又空的空間裡，這似乎是不可能的，但是，如果有某種解釋，可說明質量和能量在這明顯的一片虛無中如何運動，那又會如何？如果空間並不像看起來那麼空、那麼平，那又會如何？

對理智的思想家而言，這似乎是不可能的任務。我們知道，海水湧浪的曲度可使船歪向一邊。但那是可以理解的，因為湧浪只是較大的三維水體的表面。水的本體，就是水的表面圍繞的東西。然而，如果愛因斯坦的懷疑是正確的，空間某種程度上是彎曲的，問題就變成：空間可能圍繞著什麼東西？

為了理解愛因斯坦的答案（以及他從答案中得到的自信，還有導致他犯下嚴重錯誤的原因），最好先來談談維多利亞時代一位沉默寡言的校長艾勃特（Edwin Abbott）。艾勃特發現，雖然我們只能看到置身的三維世界，看不到更高的維度，卻有可能體會到，事實上我們正存在於這樣一個更高維度的宇宙而渾然不覺。

第二篇

一生中最快樂的念頭

愛因斯坦、米列娃及他們的長子漢斯阿爾伯特，1904 年左右攝於伯恩。

超越自己的維度

　　1884年，艾勃特當時是倫敦城市學校的校長，他做了一件事，在維多利亞時代的社會裡，這件事對尊貴的校長而言，比「走在街上沒戴帽子」還難為情。他出版了一本小說，故事裡的英雄人物只有28公分長，終其一生，都在一張無邊無際的紙上生活，「直線、三角形、正方形……六邊形及其他圖形，皆可在紙上到處自由活動，但只能在紙面上（或者應該說紙面裡），無法上升到紙的上面，也無法下降到紙的下面。」這個世界稱為平面國，《平面國》（Flatland）首度出版時，倫敦人都以為此書的作者是「正方形」（A. Square），而這正是艾勃特的筆名。

　　《平面國》是一部社會諷刺作品，而且書中提出巧妙的方法，方便想像我們看不到的物理世界。

　　階級最低的平面國人是直線，一定要不惜一切代價，避開他尖尖刺刺的兩端。社會階級比直線高一級的是勞工階級：狹長的等腰三角形，他們的腰長為28公分，只受過一點點教育，一被激怒就會變得很危險，但通常還算溫順，對階級比較高的人唯命是從。比勞工階級高一級的是中產

階級專業人士，例如醫生、教師等仕紳。他們的形狀是正方形，謙卑的《平面國》自敘者正是其中的一員。再高一級則是菁英階級，他們擁有更多的邊，例如五邊形、六邊形等多邊形。社會的最高階級是圓形的教士，他們隨心所欲，沿表面滑動，地位低下的直線和尖尖的三角形，都得離圓形遠遠的。

故事一開始，正方形先生相當滿意這個平面世界，不過他做了一個夢，讓他很困擾。他夢到另一個奇怪的世界，那裡所有的人都在一維的直線上生活，有如永遠局限在單一軌道上的小小列車。那些可憐的人只懂得「前進和後退」的概念，跟正方形先生不一樣，他們無法想像能有「第二維」存在，讓他們能從左邊移到右邊。當正方形先生穿過他們的直線世界時，他們只能看到他的一些片段以不同的點，順著他的二維身體進入他們的一維世界，然後離開。

正方形的夢讓他明白，比起「較低維度世界」的人，來自「較高維度世界」的訪客擁有較強的能力。如果像正方形這樣的人，進入所造訪的直線，把其中一個傢伙從位置上拉出來，留在「直線國」的當地人，根本不知道同伴消失到哪裡去了。如果正方形把那個傢伙放回去，但是放在不同的位置上，他們會很迷惑，不明白那個傢伙怎麼會出現在新的位置，而且竟然可以不用他們知道的任何方式行經中間的間隔。

當正方形從夢中醒來，看到自己又回到正常的平面國

時，一度很心滿意足。他是還算成功的男子，有自己的二維房子，他的房子令人印象深刻：有一個門，供他自己和兒子使用，另外還有一個小很多的門，妻子和其他婦女滑進來時，就用這個小門（平面國是性別歧視的社會，女性的地位較低）。

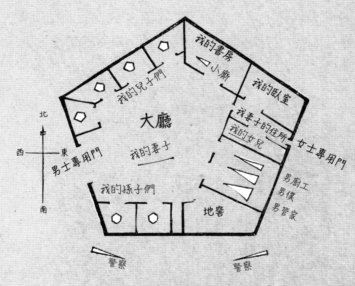

正方形先生的房子

一切本來都好好的，但是好景不常，如同正方形先生後來在監獄裡回憶的：

「那是我們紀元 1999 年的最後一天。雨聲滴滴答答〔只打在房子的牆上，因為沒有屋頂這種東西的概念〕，老早即宣告夜幕降臨。我陪妻子坐在一起，沉思往事，展望……下一個世紀。」

他們房子裡有個奇怪的聲音，突然間，「我們嚇了一大跳……看到眼前出現一個圖形！」這個圖形並不是從通往房子的兩個門之一滑進來的，而是用正方形和他妻子都想不透的方法，就這麼突然出現在房間裡。陌生訪客開始迅速變形，從很小的圓形變成較大的圓形。正方形的妻子很害怕，聲稱她得上床睡覺，一溜煙離開了，留下正方形先生和陌生人獨處。正方形以該有的禮貌，問這位貴客來自何方。陌生人說，「我來自**第三維度**。它就在上面和下面。」

正方形給搞糊塗了。他告訴訪客，想必他指的應該是，他來自北邊或南邊，也可能是來自左邊或右邊。但訪客堅稱：「我指的不是這樣。我指的方向是你們看不出來的。」

正方形認為這一定是在開玩笑，但訪客還是態度堅決：「閣下，聽我說。你在平面上生活。你們所謂的平面國，是廣闊的水平表面……你和你的同胞在平面移動，不會升到它的上面，也不會降到它的下面。」

為了證明他的觀點，訪客說他要從平面國的下面往上移動並穿越它，然後懸在上面。訪客這麼做時，正方形看到的景象令他驚訝萬分。訪客從一個大圓形變成較小的圓形，然

後又變成更小的圓形，最後變成只剩一個小點。

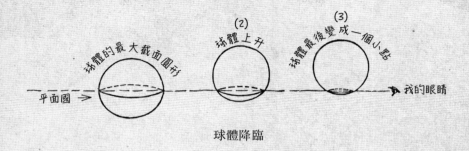

球體降臨

　　然後過程逆轉。我們知道訪客是球體，他向上移動穿越平面國的表面，然後又移回來。然而，正方形先生只能看到一連串的圓形切面。他百思不解。一維直線國人，因為看到一條全新直線突然出現在他們當中而震驚，當時正方形並不意外。那是因為直線國人不明白，他們事實上存在於更寬廣的二維平面國。但正方形先生深信，事情頂多就是這樣而已。他無法想像，事實上他自己竟然存在於更廣大的三維空間。

　　訪客發現，他需要提供進一步的示範。正方形先生把他的帳簿存放在家中的大房間（書房）裡。陌生訪客請正方形先生把書房的門關上並鎖起來。接著他說，他會上升到第三維度，此維度無形的存在於平面國「上面」。他會從那裡降落，進入上鎖的房間（當然，房間沒有屋頂，因為二維世界裡沒有這種東西），拿走帳簿。

正方形先生不相信。的確，在他自己夢到的直線國裡，他有辦法進去拿走東西，在低下的直線國人看來，東西似乎突然消失。但那是因為，他可以在他們周圍的二維平面移動，而他們卻被困在有限的一維空間裡。但他很肯定，類似的事情不可能發生在這裡，平面國以外怎麼可能有東西存在？隨著訪客愈縮愈小進而消失，正方形先生立刻採取行動。

「我衝去**書房**一把撞開門。一本帳簿不見了。陌生人帶著嘲弄的笑聲，出現在房間的另一個角落，帳簿也同時出現在地上。我拿起帳簿，毫無疑問，那正是遺失的那本。我嚇得發出呻吟，懷疑自己是不是腦子有問題。」

在那一刻，正方形終於準備好要領受真理了。

陌生訪客解釋說，「你們所謂的空間，其實只不過是很大的平面而已。我才是在**真正的**空間裡，俯瞰事物的內在，而你們只能看到外在。你自己也可以離開平面。稍微向上或向下移動，你就能看到我所看到的一切。」

陌生人說完便把他抬「起來」。

「我感到無法言喻的恐懼，」正方形先生回憶，「一團漆黑，接著一陣暈眩，感覺很不舒服。」

球體叫他睜開眼睛，好好看清楚。他乖乖照辦，「我一看**下面**，天哪，一個新世界！……我的祖國城市，每個房子的內部和房子裡的每個人都縮得小小的，在我眼前一覽無遺。」

他終於看出，從前他所知道的整個世界，僅包括小小的幾何形狀，在平坦的表面滑來滑去，但他在那裡生活時根本看不出是這樣，因為唯有上升到更高的維度，這一切才說得通。這是普遍的原理：生活在X維世界的人看起來很奇怪的東西，如果可以從X＋1的維度來設想，就會變得合情合理。

直線國人消失，後來又出現在新的位置，直線國的居民對此感到匪夷所思，但從平面國的角度來看卻很合理。同樣的，一旦正方形明白，他不只是存在於他習慣且看得見的平面國，而且明白，平面國只是他原本想像不到的更大更大的立體國的一部分，則正方形與訪客所經歷的事情（例如物體從上鎖的房間裡憑空消失），便很合理了。

不過，等正方形回到家，他卻無法使家人或其他任何人瞭解他看到的東西。他也痛苦的發現，久而久之，他開始淡忘那些令他大開眼界的經歷：「我從立體國回來，過了大約十一個月，我閉上眼睛試圖回想立方體的樣子，卻辦不到；雖然後來成功了，但我不太確定（後來再也沒確定過），那究竟是不是他原來的樣子。這讓我比以前更煩惱了。」

正方形的下場頗為悽慘。最後他被押送至高級委員會，在那裡他發現：平面國的教士知道，他們存在於僅有二維的世界裡。但由於他們不希望消息走漏（怕引起叛變），而且

在他們眼裡，正方形先生並不可信。結果這位勇敢的探險家遭到監禁。

「七年過去了，我依然是個囚犯，」正方形在《平面國》的最後一頁說道。他唯一的願望是「這些回憶錄，或許以某種我也不知道的方式，進入人類的腦海……或許煽動一群叛變者，拒絕被禁錮在有限的維度裡。」

平面國的比喻，當然是指我們這個世界。艾勃特希望英國人質疑統治階級的特權，此特權被視為理所當然，以致於往往讓人視若無睹。住在直線國的線段看不出來，除了他們之外，還有更廣闊的二維世界。住在平面國的正方形、五邊形、三角形看不出來，除了他們之外，還有更廣闊的三維世界。

這就是為什麼，讀者不必因為無法想像彎曲空間而懊惱。沒有人能想像，連愛因斯坦也是。艾勃特想說的只是：即使是最偉大的科學家，也可能和正方形的平面國文明一樣狹隘。艾勃特也是虔誠的基督徒，他不介意讀者看出這故事與宗教信仰的相似之處，例如〈約翰福音〉第一章第一節裡的道、耶穌升天等神蹟，這些若限於三維空間，似乎是不太可能的。

大約在《平面國》出版的同一時期，有關不同幾何的思

索進入流行文化。在福爾摩斯偵探故事集裡，卑鄙罪犯莫里亞蒂教授是數學專家，可能學過非歐幾何。杜斯妥也夫斯基的《卡拉馬助夫兄弟們》一書中，當伊凡試圖向單純的弟弟阿遼沙解釋關於罪惡的問題時，他說，「我有個歐幾里得式的凡俗腦子，哪能解決不屬於這個世界的問題？親愛的阿遼沙，我勸你也別再想這個問題了，尤其是關於上帝的問題，無論祂存在與否。諸如此類的問題，完全不適合只以三維概念創造出來的腦子。」

然而，對大部分的物理學家而言，不同的幾何是否真正存在，這問題是毫無意義的。伊凡・卡拉馬助夫是杜斯妥也夫斯基想像出來的人物。莫里亞蒂教授並不存在。原本安於現狀的中產階級正方形，因為夢裡的異象而苦惱，科學家卻繼續做他們的研究，不受那些異象干擾。

不過，愛因斯坦終於從導出 $E = mc^2$ 的疲累中恢復之後，如果打算解決他在專利局時就開始傷透腦筋的問題，那麼，這些虛構人物無意中瞥見的神祕世界，正是他需要好好面對的。

第 五 章

突發奇想

　　到1907年，距離愛因斯坦發表他的系列論文已經兩年了。兩年前，他統一了質量領域及能量領域，指出可將它們視為互有關連的同一類「事物」，必要時可以互相轉換，且完全符合他那道方程式：$E = mc^2$。

　　愛因斯坦的理論固然強而有力，但以下的問題仍有待解決：宇宙間的統一性，為何並未更進一步？這個問題在1907年仍懸而未決。質量與能量這些「事物」，都存在於周圍「空空的空間」領域裡。上帝（或建立宇宙的任何力量）為何決定應有兩種完全無關的類別：一邊是「事物」，另一邊是「空空的空間」？如果能量與質量互有關連，為什麼事物與空間沒有關連？

　　在愛因斯坦的心目中，「單一天神創造一切」的宗教觀念根深柢固，他覺得「事物與空間沒有關連」很不合理，所

以又回過頭來進行研究。

　　1907年，愛因斯坦在專利局展開新的研究，產生了全新的理論，稱為廣義相對論，他在1905年9月和11月發表的論文，涉及狹義相對論及其結論，相較之下限制較多。愛因斯坦第二回合的研究，層面更廣，將以我們至今仍難以體會的方式，徹底改變物理學。他生命中的這段時期，將導致他締造遠遠超越 $E = mc^2$ 的輝煌成就 —— 但最終，也將導致他的失敗。

在腦中做實驗

　　天才的行事風格是間接的。上班時，愛因斯坦喜歡閉上眼睛，不理會辦公室裡的鋼筆嚓嚓聲，以及哈勒先生巡視工作檯時不停發出的噴噴聲，這樣他就可以想得更清楚。不過，1907年有一陣子，他在沉思時會張開眼睛，也許看著一群工人爬梯子，爬到附近屋頂的邊緣，也許只是想像他們在屋頂上。他後來回憶，在一連串不可捉摸的神經元放電下，突然「閃現我一生中最快樂的念頭」。

　　愛因斯坦開始思考，「從屋頂掉落」這個問題。如果房子非常高，一旦你從屋頂邊緣掉落，無論是你或一起掉落的任何人，假如不看周圍環境或感覺風在吹，是無法分辨自己是不是在移動的。如果你和伙伴牽著手，然後放手，看起來你的伙伴會保持在相同的位置，和你一樣都彷彿「靜止不

動」。你會感覺失重，他們也會有同感。

這是當你掉落時，從你的角度看到的情形。但是，如果有人從地面往上看，那個人不僅看到你快速筆直掉落，而且他當然不會失重。他的體重量起來，還是跟你從屋頂滑落前一樣。

愛因斯坦很想知道：為什麼地面上的人感覺得到重力，但掉落的你卻突然感覺不到？你從屋頂滑落時，重力不可能突然在你周圍消失。

一定有辦法可以把這個問題弄清楚，艾勃特的《平面國》正好提供了開端。書中的許多人物，可以存在於比他們本身認知更高的維度，這意味他們本身的維度裡有導引的「曲度」，可解釋原本顯得很神祕的現象。

試想，生活在一維直線國的人，有如狹窄軌道上的小小列車。如果他們發現不斷向前直行後，最後又莫名其妙回到一開始的起點，即便是他們之中最偉大的天才，也會對此百思不解。但對來自更高維度的觀察者而言，這完全說得通，譬如正方形先生，他看到直線國人生活所在的列車軌道，事實上在二維空間裡彎曲成圓形。如同艾勃特在《平面國》序言中所說的，「我們都易於犯相同的錯誤，也同樣都是我們各自維度偏見的奴隸。」

結論很直截了當。如果物體穿越更高的維度，可能會受到不可思議的方式導引。在地球上，在我們的三維宇宙中，我們「認為」不可見的萬有引力，從我們的地心向上延伸，

將我們往下拉。但是，假如真正發生的事情是：當掉落時，我們是沿空間裡我們無法感受到的某種彎曲路徑滑行，不過這種彎曲，或許能用數學分析顯示出來，那會如何？那將會是「事物」與「空間」之間的奇妙連結：「事物」運動時，依循著存在於「空間」的某種轉折或通道滑行。

偉大的牛頓爵士從來不認為，自己真正明白重力如何作用。如果愛因斯坦能發展出自己的概念：空間裡有不可見的通道，導引我們的一舉一動，包括我們在重力作用下的翻滾跌落，他便超越了牛頓的成就。

在生活的縫隙中進行研究

這真是美妙的前景。1907 年在一篇重要的評論文章中，愛因斯坦開始擴展 1905 年的狹義相對論研究，讓它包含一些新的重力概念，但他沒辦法好好發展他的概念，不得不先暫停下來。

專利局根本不是做研究的理想地方。倒不是因為他太敏感，需要安靜才能專心。如同瑪雅所述，即使在鬧哄哄的人群裡，愛因斯坦也有辦法「窩在沙發上，手裡拿著紙筆，墨水瓶搖晃不穩的放在扶手上，完全沉迷於……某個問題。」他二十幾歲時，有一次據一位拜訪愛因斯坦公寓的訪客形容：他坐在一張大椅子上，左手搖著孩子，右手在桌面上寫方程式，還叼著點燃的雪茄，對著嬰兒、方程式和新訪客吞

雲吐霧。

不過，利用晚上的零碎時間來研究空間與事物之間的關連，實在遠遠不夠。有時候，他還是會躲著哈勒局長，偷偷打開辦公桌抽屜，從他自封的「理論物理部門」拿出論文來。但哈勒似乎更嚴格的監視職員了，愛因斯坦往往還來不及做什麼認真研究，就不得不猛然關上抽屜。

米列娃的憂傷

還有另一個私人理由讓他現在必須找一份更好的工作。雖然勞厄在1907年的拜訪，並沒有為他帶來另一個職位，但隨著1907年過去、1908年來臨，愛因斯坦愈來愈有名氣，訪客開始紛紛前來拜訪。這些訪客，不像他和米列娃婚後第一年共同結交的朋友，會和他們一起散步或吃飯。他們也不像理工學院的老朋友格羅斯曼，夫妻倆可以和他一起緬懷學生時代。新的訪客是來找愛因斯坦的，只跟他單獨談話。

米列娃不再是眾人眼中那位，比任何婦女更聰明，且受更多教育的理科學生了。她只是愛因斯坦夫人而已，端啤酒送茶時，她會受到有禮的對待，之後便無人理睬。

米列娃情何以堪。雖說她的數學能力還不到格羅斯曼的程度，但她一直是很優秀的學生，高等微積分、統計力學之類的都難不倒她。當時，她和愛因斯坦曾夢想一起工作。甚

至到了 1905 年，她還幫愛因斯坦檢查他最重要的論文，因為愛因斯坦相信，她銳利的眼光可以找出數學上的錯誤。當最後一篇論文完成，他們出去慶祝時，不像是正經八百的父母，反而像是當年熱情洋溢的學生，如同他們提到「最後爛醉如泥」的明信片上所寫的那樣。

米列娃力圖擊退憂傷，她寫信給一位女性友人：「有了那樣的名氣，他哪有多少時間留給妻子……但妳能怎麼辦呢？」巴黎的夫妻檔居禮夫婦，已經雙雙榮獲諾貝爾獎，這件事想必也讓她很難受，那正是米列娃被迫擱置的夢想，因為她需要花很多時間照顧她和愛因斯坦的兒子。

唯有多賺點錢，請人照顧小孩，愛因斯坦和米列娃才能脫身，從事渴望的工作。所以，愛因斯坦只好放下自尊心，再度與伯恩大學聯絡。他們曾經拒絕他的第一次教職申請，因為他提交的狹義相對論論文不符合要求。現在他提交了符合常規的學位論文，那是他們要求的，於是他們接受了，卻只給他地位最低的講師職位。沒有薪資，只有修課的學生貢獻的一點學費。他還是得繼續在專利局上班，但這算是一個開始。

1908 年春天，他開了第一門課，上課時間是週二和週六大清早七點。本以為沒有人會出席，沒想到一向忠誠的貝索和專利局的兩位朋友決定來上課。上完課，他會和他們一起很快的喝杯咖啡，然後下山趕去上班。

隔年的冬季學期，有一位真正的學生加入他們，這頗

令人振奮，但是那位學生退選時，似乎是因為愛因斯坦的妹妹瑪雅及時出現在課堂上，大學當局才沒有取消她哥哥的課程。愛因斯坦上課時說什麼，瑪雅一句也聽不懂，而且他不想向貝索或妹妹收取學費，因此家裡依然經濟拮据。一位朋友勸他們請傭人，這樣米列娃就可以有較多的空閒時間，「大家難道看不出來，我丈夫工作到只剩半條命了嗎？」米列娃老實的回答。

終於覓到教職

謝天謝地，不久傳來消息，蘇黎世大學可能有薪資合理的職缺，學校離伯恩大約一百公里。不過有個規定：必須有一位蘇黎世大學的教授來看愛因斯坦教課。這就令人擔心了。對愛因斯坦來說，他課教得好不好，往往要看運氣，「因為我記性很差。」重要的那天來臨了，後來愛因斯坦回到家，米列娃急忙問情況如何。不太好。「有人在審查，害我很緊張，」他解釋說，「說真的，我教課教得不怎麼樣。」

到最後，蘇黎世大學的態度軟化，主要是因為歐洲各地有愈來愈多的物理學家認同愛因斯坦論文的實力。此外，物理學系內部的候選人發現，系上教師可能還是會拒絕愛因斯坦，這位候選人名叫阿德勒（Friedrich Adler），他是愛因斯坦在理工學院時的舊識，多虧他的退讓：「如果我們大學有

可能找到像愛因斯坦這樣的人，任用我會顯得很可笑。」

　　因此就在1909年，愛因斯坦在做了七年的苦工之後，終於可以離開專利局的奴役國度，在大學展開他第一份像樣的學術工作。愛因斯坦愈來愈有名氣，但哈勒對此似乎毫不在意，按照標準的官僚制度，只將他升職為二級技師而已，不過在愛因斯坦離職前，或許為了挽留他，哈勒暗示一級技師的崇高地位指日可待。然而，離開了哈勒的辦公室，愛因斯坦總算能夠繼續做他的研究：看看宇宙的最深處，是否真的藉由誰也想像不到的曲度或路徑，連結在一起。

第 六 章

細細思索

1909年，從專利局轉任蘇黎世大學教職那年，愛因斯坦三十歲，米列娃三十四歲。伯恩這地方一向很吸引人，但是也頗為孤立，老實說只是大一點的小鎮而已。蘇黎世才是真正的城市，理工學院時期的朋友有很多還住在這裡，光憑這件事，便似乎是個好兆頭。

這次搬遷果真令人精神大振，有好一陣子，他們的生活新鮮刺激，有如當年新婚一般。他們遇見榮格，對米列娃來說，這原本是很棒的事情，因為在學物理之前，她最初的興趣是醫學，所以他們可能會有許多共同點。不過，榮格邀請愛因斯坦夫婦去家裡吃飯時，對米列娃幾乎不理不睬，只顧著和愛因斯坦說話，努力說服他相信自己的心理學概念。愛因斯坦興趣缺缺，於是他們再也沒去過榮格家。

愛因斯坦夫婦和大學裡的法醫學專家倒是相處得很愉

快，心靈手巧的贊格爾（Heinrich Zangger）是急診醫學的創始人之一，他的興趣之廣泛，令愛因斯坦大為驚歎。更棒的是，愛因斯坦的學術擁護者阿德勒（見第78頁）一家，和愛因斯坦夫婦住在同一棟公寓，阿德勒曾寫信給父親，提到愛因斯坦夫婦公寓裡的美好氣氛，「我們〔和愛因斯坦夫婦〕相處極為融洽，他們住在我們家樓上，……過著波希米亞式的家庭生活。」

蘇黎世大學的薪資比專利局來得優渥，但愛因斯坦與米列娃都心知肚明，他可千萬別因為課教得太爛而遭到解聘。他的穿著依然和蘇黎世大學的其他教師格格不入，褲子太短且頭髮亂七八糟，但他和米列娃絕非庸俗的資產階級夫婦，兩人對此頗感欣慰。愛因斯坦比在伯恩大學時更認真備課，且不再信任他那差勁的記性，據一位學生回憶，愛因斯坦博士會帶著「一張名片大小的小紙片，上面簡略寫著他打算涵蓋的重點。」

最重要的是，愛因斯坦對學生很好。第一次世界大戰前的歐洲，社會層級分明，教授不會請學生發問，更不會請普通學生發問。不過，愛因斯坦一向看不慣仗著社會地位高而裝腔作勢的人。在蘇黎世大學教課時，他鼓勵學生只要有問題，隨時可以打斷他；下課後，他邀請學生去咖啡店，繼續聊未完的話題，或只是為了認識他們；偶爾他會帶學生回家，分享他的最新研究成果。學生很喜歡這樣。

愛因斯坦也總是挺身而出，反對霸凌。幾年後一位學生

回憶，她在專題報告前非常緊張，坐在台下的愛因斯坦對她點點頭，讓她安心，彷彿在說：「開始吧，沒事的。」當時一個傲慢的男學生試圖令她難堪，好給自己加分，愛因斯坦制止他，說道：「聰明，但是不對，」然後，鼓勵她繼續報告。

愛因斯坦一家在蘇黎世的新公寓比伯恩的公寓大，有那樣的空間，加上感情回溫，他們很快就有了第二個孩子，取名為愛德華（Eduard）。據一名拜訪過他們家的學生回憶，當兩個小男孩吵吵鬧鬧，害愛因斯坦無法專心時，這位年輕教授便笑一笑，拿出小提琴（好爸爸的祕密武器），拉奏孩子喜愛的曲調，好讓他們安靜下來。他和米列娃都管兒子叫「小熊仔」。

1911年，布拉格德國大學（現稱布拉格查理大學）有更好的工作機會，所以他們又搬家了。愛因斯坦的薪資漲到住得起真正的豪華公寓（他們第一間附有電燈的公寓），而且在行政職務之餘，有更多時間能完全用來思考。

在某種程度上，布拉格讓愛因斯坦可以稍微喘息一下，但對講德語的斯拉夫人米列娃來說，布拉格讓她非常不愉快，最主要是因為，該城市裡的德語族群和捷克語族群之間的對立。捷克的民族意識愈來愈強，但少數族群的德國人把持著許多高官要職。兩種語言都精通的捷克人，往往不肯講德語，這使得米列娃這種不懂捷克語，壯著膽子上街買東西的人很為難；更糟的是，德語族群開始看不起所有的斯拉夫

人，米列娃當然也在內。

從有「德國大學」這件事即可見一斑，因為它和「捷克大學」都是從同一所學校分立出來的，儘管愛因斯坦特意把課開放給捷克學生，但大部分的教授都拒絕跟對立大學的任何人說話。布拉格有一小群試圖保持中立的猶太文人，在他們舉辦的一場文化沙龍中，愛因斯坦遇見了卡夫卡，不過卡夫卡似乎太害羞了，不敢跟這位隨和且頗受人敬重的外國人說話。假如他們聊得起來，可能會聊些什麼？我們也只能想像了。

在密室中確認狀態

布拉格或許不是愛因斯坦夫婦住得最舒適的地方，但至少愛因斯坦在那裡能夠深入進行思想實驗。他已經有一些想法，認為空間本身以某種方式扭曲，這可解釋他想像中的萬有引力，但細節他還沒想透。由於這些扭曲，遠處的星光到達太陽附近時會轉彎，他對此也有一點概念，但不太確定其中的細節。

奇妙的是，某類型的探險故事幫了他的忙：故事中，英勇的探險家遭麻醉昏迷，醒來後一片茫然，不及細想自己身在何處。愛因斯坦利用這個點子，他想像，假設某人在沒有窗戶的密室裡醒來：他遭到麻醉昏迷，不記得自己怎麼會在那裡。他感覺不到任何重力，在密室裡飄浮著。

有什麼辦法，可以讓他知道自己身在何處？

英勇的探險家明白，有一種可能性是：他在遙遠的太空某處，遠在太陽系以外，而且遠離任何龐大的重力來源，例如我們的太陽甚至木星。但另一種可能性則是：他也許只是在大樓的電梯裡，像是美國當時正在興建的新式摩天大樓裡的那種電梯，有個大壞蛋切斷纜繩，所以他正從電梯井的頂端掉下來。如果房間完全密閉，而他正在自由飄浮著，他就分辨不出自己身處在哪一種情況中。

這就像是從前在伯恩時，愛因斯坦想像的從屋頂墜落的工人：當他們在空中無法環顧四周或感覺空氣的流動時，他們只知道自己失重，但分辨不出來距離地面到底是幾公里，還是只有幾公尺。

不過，愛因斯坦現在發現一個辦法，勇敢的英雄不需要看密室外面，便可得知自己在哪裡。他只需要兩顆蘋果。他一手各拿一顆蘋果，張開雙臂，然後放開蘋果。

如果蘋果保持懸浮一動也不動，他即知道自己身在遙遠浩瀚的外太空，離任何星球遠遠的。他有的是時間建造一部機器，好讓自己回到安全的地方。

如果英雄放開蘋果，但蘋果並非在原地懸浮，而是非常緩慢，卻絕對錯不了的開始滑向他；而如果他知道這不是氣流搞的鬼，也不是他自己緊張到吐大氣，那他會明白自己麻煩大了。只有一件事，可以使原來和他平行的兩顆蘋果開始莫名其妙的趨近他。底下某處，一定有重力來源的中心點，

每顆蘋果都從各自的起點對準此中心點：

如果想像他在地球上方，更能看出其效應：

結論很不幸，但也很明確。同樣的效應拉近來看，這位英雄顯然是在自由落下的電梯裡。他和蘋果以及整個密室，現在隨時準備重重撞向地面。

　　觀察蘋果如何移動是絕妙的方法，探險英雄可藉此推斷，自己到底是朝向重力來源（例如我們的地球）移動，還是身在遙遠的太空。但是有一個難題。無論在何種情況下，當他自由飄浮時，他都感覺不到作用力。但某種作用力，正在使同樣自由飄浮的蘋果朝他移動，如果他感覺不到作用力，當然會認為蘋果也感覺不到作用力。

　　「想像電梯」裡空空的空間，如何導致物體（例如自由飄浮的蘋果）開始滑向對方？儘管對同在電梯裡的探險英雄而言，它們顯然只是懸浮在空蕩蕩的空中而已。

尋找幫手

　　在努力解決這個問題時，愛因斯坦對於自己的創意過程也有了很多瞭解。思想家往往分為高爾夫球員或網球員。高爾夫球員一切靠自己，網球員則需要互動。牛頓是高爾夫球員；發現DNA雙螺旋結構的華森與克里克，就如同許多作曲家與作詞家那樣，都是網球員。愛因斯坦已經當高爾夫球員夠久了，在這個問題上，他可以靠自己取得一些進展，但如果他想更深入，就有必要跟別人合作。

　　愛因斯坦可以找誰合作？米列娃幫不上忙，雖然她之

前有能力檢查他早期的論文，且她在蘇黎世理工學院念大學時，對數學及物理都很在行，但這個問題遠遠超越他們在那裡學到的東西。基於同樣的理由，貝索也不行，雖然他一直是愛因斯坦所謂的「全歐洲最好的聽眾」，但他缺乏雄心壯志，對於嚴肅的研究，老是異想天開，因此他懂得不夠多，而且學也學不來，想幫也幫不上忙。

在帶領他走向廣義相對論的漫長道路上，愛因斯坦真正需要的幫手，是他的好友兼老同學格羅斯曼，從前他們都還是大學生時，格羅斯曼曾經借給他上課筆記。格羅斯曼在高中教了一陣子書之後，進入研究所攻讀高等數學，從此以後留在學術界，後來成為母校蘇黎世理工學院的數學教授，該校不久前剛升格為大學，現在的名稱為蘇黎世聯邦理工學院（ETH）。十年來，兩人聯繫過幾次，例如格羅斯曼幫愛因斯坦找到伯恩專利局工作時，或是協助他應徵高中教師時（可惜沒錄取），但他們很少碰面。不過，愛因斯坦依然非常敬重他的才能。如果能回到瑞士工作，兩人可以就近合作，這對愛因斯坦很有好處。

還有另一個私人理由讓愛因斯坦夫婦打算搬家。離開他們在蘇黎世的朋友，對他們的婚姻造成很大的壓力。他們在布拉格受到捷克語族群及德語族群的冷落，更是使情況雪上加霜，無論是愛因斯坦或米列娃，都察覺到兩人之間的隔閡。當時有一場盛大會議在布魯塞爾舉行，歐洲的頂尖物理學家大多受邀參加，愛因斯坦沒有帶米列娃一起去，不然她

就可以和她崇拜不已的偉大人物共聚一堂，例如來自曼徹斯特的拉塞福、來自柏林的普朗克，當然還有來自巴黎的居禮夫人，米列娃希望成為像她一樣成功的女物理學家，但從來沒有機會。愛因斯坦不在家時，米列娃寫信給丈夫，信是由橫跨歐陸的快速蒸汽火車遞送的：「我真的好希望能聽一聽、看一看所有那些優秀的人。我們已經很久沒見到彼此了，有如永恆那麼久……你還認得出我嗎？」

回到蘇黎世，或許能重新燃起他們昔日的熱情。因此，當愛因斯坦為自己安排好ETH的教職時，米列娃高興極了；才沒多久之前，這所學校可是一點也不想要他呢。1912年，愛因斯坦舉家搬回蘇黎世。

他們回到蘇黎世後不久，有一天，愛因斯坦突然衝進好友的研究室說，「格羅斯曼，你一定要幫幫我，不然我會瘋掉！」格羅斯曼很樂意效勞。愛因斯坦在ETH教書真是太方便了：熟悉的理工學院，隔壁就是老朋友兼支持者 ——而且，現在還兼同事！

第 七 章

工欲善其事，必先利其器

愛因斯坦在學生時代蹺了那麼多數學課，格羅斯曼的第一步就是協助他急起直追。如果空空的空間裡有曲度，他們便需要某種方法來檢測。當格羅斯曼跟他說，許多必要的工具早已有人想出來時，愛因斯坦嚇了一大跳 —— 格羅斯曼這個人似乎無所不知！

格羅斯曼為愛因斯坦解說的數學方法，奠基於徒步走過地球測量經緯度的製圖員老早就明白的事情。十八世紀時，測量員從木製觀測塔上測量相隔幾十公里的不同點，即使各點之間的地面似乎是一片平坦的荒原，他們也能根據角度的大小，判斷出表面到底有多彎曲。

在平坦的平面上，任何以標樁圍成的龐大矩形，所有內角應該都剛剛好是90度。但在比較彎的曲面上，矩形的中央被往上「推」，因此四個角的角度都會鼓脹到超過90度。

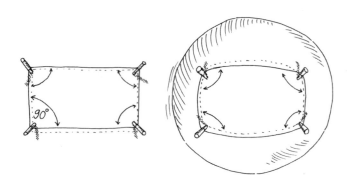

　　地球的表面為連續曲面，雖然彎曲的幅度很小，在地表上移動的人沒有輔助是看不出來的，但曲率卻可產生驚人的效應。舉例來說，想像從芬蘭到北極之間都是完全平坦的冰層。來自芬蘭小鎮的兩位滑冰者，彼此相距兩三公里，當哨音一響，兩人開始沿直線朝正北方向滑行。

　　起初他們認為這應該很容易。照他們在家裡附近平坦結冰湖面上溜冰的經驗來看，他們相信平行出發的兩名滑冰者，應該會永無止盡的一直平行下去。

但現在，隨著他們愈滑愈遠離家鄉，恪遵指示一路檢查指南針，確保不偏不倚朝向正北方，當他們愈來愈靠近極點時，竟發現兩人被「拉」在一起，到了地球的最頂端時，他們竟然相撞了。

從他們的角度來看，這很令人費解。兩人出發時相距了幾公里，而且小心翼翼保持平行，到最後怎麼會相撞？但從地表上空夠高的地方來看（譬如在一顆大氣球上，俯瞰那兩位小小的滑冰者滑行），那就很明顯了。滑冰者感受到一股「擋不住的拉力」將兩人拉近，那種拉力並不是什麼神祕的力量。由於地球的形狀基本上是球體，任何在曲面上沿著平行直線運動的人，到最後必然會相撞。

這種現象和愛因斯坦思想實驗中想像的「莫名其妙互相趨近的蘋果」是一樣的，只不過一個看起來不像是發生在任何表面上，而另一個是真實發生在地表上。在愛因斯坦那個時代，幾乎沒有人相信，這些奇特的效應和彎曲路徑，也

可適用於地球表面以外，事實上外太空看似空空如也，但或許也具有某種隱密的結構，可影響其中的物體如何運動。然而，所有人都認為，行星與恆星所在的遙遠太空，就如牛頓想像中那樣：平平的、空空的，是演員出現之前的「空曠、黑暗的舞台布景」。

格羅斯曼向愛因斯坦解釋，一些數學家已經勇於跳脫那種普遍認同的假設。早在艾勃特寫下《平面國》寓言故事的幾十年前，這些少數的勇者已經開始想像，地球可能存在於超乎我們所見的幾何世界裡。這概念令匈牙利軍官鮑耶（János Bolyai）興奮不已，他對邏輯上的可能性推敲一番之後，於1820年寫道，「從虛無中創立新的宇宙！」學院派的德國數學家高斯，幾十年來斷斷續續探究這些概念，他認為，「對外行人而言，〔曲面幾何〕定理似乎自相矛盾、荒謬至極；但靜下心來思考，會發現它們沒有什麼是不可能的。」

但當時這些傑出的數學家，並未發現實驗證據來支持這些可能性，該領域於是逐漸沒落。艾勃特在劍橋大學就讀時，稍有涉略這些不幸夭折的理論知識，而文獻中也偶有提及，但大部分的物理學家都不當一回事。持續研究這些可能性的數學家，普遍被認為是在浪費時間。就連愛因斯坦也這樣覺得，1902年他寫信給米列娃，「格羅斯曼正在研究的博士學位題目，和搞些非歐幾何有關。我不知道那是什麼東西。」不過到了1912年，愛因斯坦的看法有所改變，「我變

得對數學充滿敬意！」他承認。

好朋友的協助

　　這些久遭遺忘的工具，是十九世紀的數學先驅，為了研究這些「彎曲空間幾何」而發展出來的，確實很了不起，而且對愛因斯坦和格羅斯曼手邊的研究來說，這些工具也非常適用。其中有一個概念講得尤為明顯，那是高斯的門生數學家黎曼在1854年一場演講中（老高斯也參加了）指出的：人無論生活在何種表面上，皆可算出任何特定地點的表面有多彎曲。

　　這個概念把製圖員早已知道的事情發揚光大：如果三角形外凸，則它們所存在的表面，就像是地球的球體表面。如果三角形內縮，則表面為凹面——而且所有這些現象，不用離開表面就可以看得出來。生活在二維世界的正方形先生，不必等到來訪的球體把他抬起來，讓他從高處往下看，就可以用這些方法，推論出自己生活在平平的表面上。

　　愛因斯坦發現，如果我們仔細遵循高斯和黎曼的方法，藉由測量遠距離之間的角度，也能判斷是否有某種作用力使我們的三維空間外凸或內凹。少了這種測量工具的話，就誰也無法偵測出來，因為單憑我們的感官，眼前的空間顯然是平平的。人類沒有能力「看到」更高的維度；就算是愛因斯坦也沒辦法。但是藉由計算，我們就有辦法判斷，那裡是否

有「曲度」。

這個基本概念如此簡單，如此美妙，以致愛因斯坦後來向小兒子愛德華解釋起來頗感輕鬆。他說，想像有一隻小毛毛蟲，在大樹幹上爬來爬去。毛毛蟲底下的樹幹是彎的，所以牠在空間裡爬行的路徑也是彎的，但是毛毛蟲看不出來。唯有從遠處看著樹幹的我們，才看得出發生什麼事情。愛因斯坦向兒子解釋，他之所以花這麼多時間在研究上，是為了幫那些繞著路徑打轉的毛毛蟲想個辦法，判斷出牠的世界到底是不是彎曲的。

愛因斯坦仍然在打學術「高爾夫球」，但格羅斯曼幫了很多忙，偶爾充當他的「網球搭檔」。「我現在整個心思都在重力的問題上，」愛因斯坦寫信給一度懷疑他，但現在很佩服他的慕尼黑物理學家索莫菲德（見第 55 頁），「我相信，有了這裡的數學家好友協助，我將會克服一切的困難。」

格羅斯曼和愛因斯坦是很好的搭檔，不過他們也喜歡揶揄彼此的差異。愛因斯坦後來提到，格羅斯曼「不是我這種不安分又古里古怪的類型，」他們在 ETH 相處將近兩年來，愛因斯坦老穿著皺巴巴的舒適衣服，而格羅斯曼總是穿著合身西裝和直挺高領白襯衫。愛因斯坦開玩笑說，自己一直離數學遠遠的，因為「〔它〕分成好多種專門領域，每一種都很容易耗去我們短暫的一生，」格羅斯曼則認為，物理學簡單得要命，說他只學到一種有用的物理學見解。格羅斯

曼說，在學物理之前，「當我坐在椅子上，感覺到〔剛才坐過的人〕留下的一絲熱氣時，我本來會微微一顫。現在完全不會了。因為物理學教過我這一點：熱這種東西，完全與個人無關。」

愛因斯坦這段時期的筆記本至今尚存，是一本棕色布面小冊子，裡面寫滿他工整的墨水筆跡，所有字母都微微斜向右邊。在第一頁上，他信手寫了好玩的謎題，還畫了一組火車軌道和分軌列車來幫忙解題。但接著他陷入了認真的計算過程。幾頁之後，出現哀怨的字眼 ——「太複雜了」，當時愛因斯坦想盡辦法要解出曲率，讓觀察者無論從任何方向趨近表面都合理，卻發現自己解不出來。另一處則出現令人安心的名字「格羅斯曼」—— 就在這位好友導入重要概念來解救他的地方。

在1913年的一篇論文中，愛因斯坦與格羅斯曼提出初步成果，論文結構分為兩部分：格羅斯曼負責數學部分，愛因斯坦負責物理部分。但愛因斯坦的數學能力日益進步，到了那年年底，他已安排接下隔年在柏林的全職工作。格羅斯曼已經竭盡全力，能幫的都幫了。

從此以後，愛因斯坦都靠自己單打獨鬥。

獨自完成他和格羅斯曼聯手起頭的理論，是愛因斯坦一生中最艱難的工作。「和這個問題比起來，〔1905年的〕原始相對論簡直是兒戲，」愛因斯坦寫道。「不曾受盡煎熬、歷經希望幻滅的人，不會懂得這有多辛苦。」

他的同事眼看他如何深陷其中。「愛因斯坦苦苦思索重力的問題，以致對其他任何事物充耳不聞，」索莫菲德對一位同事說。但幾個月過去了，愛因斯坦依然堅持不懈，「我這輩子從來沒有像這樣折磨過自己，」他說 —— 因為他認為，遠比 $E = mc^2$ 更偉大的理論正有待發現。「大自然只讓我們看到獅子的尾巴，」他寫信給蘇黎世的法醫老友贊格爾，「儘管由於它的規模龐大，無法將它本身直接展露給旁觀者看，但我毫不懷疑，獅子屬於它。」

婚姻出現裂痕

還有一件更複雜的事情。1912年搬回蘇黎世，對他和米列娃的婚姻毫無幫助。部分是因為，當時年代的性別歧視，迫使受過教育且聰明的米列娃，把生活重心放在家庭上。另外，最要命的是，愛因斯坦雖然仍然和米列娃住在蘇黎世，卻迷戀上住在柏林的遠親愛爾莎（Elsa Lowenthal），她是寡婦，有兩個已成年的女兒。

愛爾莎有美麗的藍眼睛，是受過訓練的女演員，與柏林的藝術界關係甚佳。她的法語說得很流利，比愛因斯坦好多了（法文說得比愛因斯坦好並不算太難；據相識的一位富同情心的法國人表示，愛因斯坦不僅發音過於生硬，把法語給糟蹋了，還老是夾雜一些德語）。愛爾莎和愛因斯坦都喜歡音樂和戲劇，當他嘲笑她那些華而不實的朋友時，她也很善

解人意的會心一笑。再說，她學的是藝術而不是科學，如果科學界的訪客簡單向她打個招呼，轉頭只顧著跟愛因斯坦說話，她也沒有理由覺得遭人漠視。

1912年有一度，愛因斯坦發現他必須和愛爾莎斷絕來往，於是寫信告訴她：他的妻子已經開始明白，她不只是遠房親戚，而是一種威脅。但愛因斯坦還是附上了回信地址。1913年年初，當她有意無意寫信給他，佯稱要找大眾化的相對論介紹，想請教他的意見時，他忍不住又開始跟她魚雁往返。

愛因斯坦接受聘任，準備從蘇黎世搬到柏林時，米列娃非常生氣，因為她知道，這代表丈夫將會跟這個威脅他們家庭的女人走得更近。他們年幼的兒子對此毫不知情，1914年春天，全家又把所有家當搬到柏林，孩子們似乎很喜歡這個現代化的大城市。但對愛因斯坦和米列娃而言，開開心心搬新家、坐在陽台上相依相偎看著阿爾卑斯山的日子，已然遠去。兩人有多麼猜疑、冷淡、容易受傷害，朋友全都看在眼裡。1914年搬到柏林才幾個星期，愛因斯坦竟然冷酷無情的告訴米列娃，他會拿出最起碼的善意，只不過是「完全由於社會因素的需要」，儘管很明顯都是他的錯，兩人才會面臨決裂。

到了1914年7月，米列娃受夠了，她的丈夫顯然迷戀上別人，她沒辦法像這樣生活下去。她依然認為婚姻還有救，但她的自尊心太強了，不願意留下來。愛因斯坦左右為難，

在他心裡，他們的婚姻已經完了（他甚至開始稱愛爾莎的孩子為他的繼女），不過他還想繼續看到兒子。到最後，熱心的貝索從蘇黎世趕來，協助米列娃和孩子搬回瑞士。愛因斯坦沒有堅持要離婚，並且同意把自己一半的薪資寄給她。愛因斯坦在柏林火車站含淚送別孩子，後來他給自己找了一間小公寓，只夠兒子來看他時有空間窩一下。

分手令人精疲力盡，他的研究工作也一樣，而且還有更糟的：他和米列娃分居後的隔月，歐洲暴發了戰爭。柏林的局勢急速惡化，不久糧食受限，電力與燃料短缺，瘋狂的民族主義接管一切。他寫信給老友貝索，「當我和人們交談時，我可以感覺到他們的喪心病狂。」他向住在荷蘭的朋友詳述，「我確信，這是某種心理流行病。」

愛因斯坦的生活陷入混亂，但他怎麼可能撒手不管他的探索？他必須解決自1907年以來斷斷續續困擾他的重力問題；他必須揭開宇宙最深處的祕密。

然後，在1915年11月，他終於破解了。

第 八 章

最偉大的概念

在充滿寒意的戰時柏林，愛因斯坦發現的概念，是自牛頓以來在瞭解物理宇宙方面最偉大的突破，可說是一項永恆的成就。如果愛因斯坦不曾誕生，幾乎肯定會有其他人想出 $E = mc^2$，而且不會比 1905 年晚到哪裡去。例如法國人龐加萊（Henri Poincaré）與荷蘭人勞侖茲（Hendrik Lorentz），頂多落後他幾年而已。但是，沒有人能企及愛因斯坦在 1915 年達到的成就。雖然這個概念的細節精微巧妙[*]，但其核心可歸納如下。

把空無一物的空間，想像成巨大的彈跳床。它的表面是平的，沒有弧度，沒有凹陷或凸起。如果沿著彈跳床表面，

---

[*] 請參見〈附錄〉的詳細解說。尤其是我們會看到，不只是空間會彎曲，時間也是一樣。

輕輕撥動一顆小滾珠，它只會沿直線運動，並不會使彈跳床扭曲。

現在把一顆小石頭放在彈跳床的表面上。小石頭的重量使彈跳床向下凹陷。再次輕輕撥動小滾珠，如果它滾到石頭附近的任何地方，都會因為凹陷而略微偏向石頭。石頭的質量使彈跳床扭曲變形，這樣的變形，會使其他任何接近的物體（譬如小滾珠）改變路徑，如下圖所示：

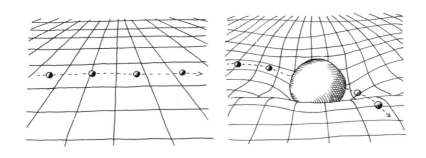

這就是愛因斯坦的觀點；這個理論可以解釋空間的扭曲從何而來。自從開始思考電梯裡的探險家以來，他絞盡腦汁想要定義這樣的曲度，這扭曲來自一切事物 —— 來自散布於空間的一切質量與能量！無論質量或能量位於何處，它們都會使周圍的空間扭曲，正如石頭把彈跳床向下壓。把一個小的質量移到新的地方（比如手的質量在空中橫移幾公分），就像是在按壓無形的橡膠板，此時其周圍的空間，確實產生了略為不同的結構。把一個大的質量移到新的地方

（比如使整個地球在軌道上急速繞行），它就會對周圍不可見的空間造成更大的扭曲。

這是非常巧妙而大膽的想法，在許多方面，和愛因斯坦先前設在兩個圓頂城市 M 與 E 之間的通道很類似。愛因斯坦發現，正如能量與質量藉由不可見的連結產生關連，能量與質量占據的空間也同樣交織在一起。他始終相信，宇宙具有統一性，現在他更進一步加以描述。

空間扭曲理論

愛因斯坦關於空間扭曲的理論，堪稱是物理學史上的分水嶺，然而這只是他提出的半套理論而已。因為在確認「事物對周圍空間造成的效應」時，對於「此效應如何影響周遭的其他事物」，他也有了新的見解。

當彈跳床彎曲凹陷時，究竟發生了什麼事？那些幾何形狀的扭曲，使接近它們的物體改變方向。在凹陷的彈跳床上，小滾珠並不是受到來自石頭的神祕力量牽引，它只是沿最直接的路徑（從它的角度來看）運動而已。

這個概念在直覺上頗為合理。在空間某處形成扭曲幾何結構，會導致附近的任何事物沿新的路徑運動，否則根本無法解釋這條路徑。正如我們先前看到的，這就是為什麼兩位芬蘭滑冰者趨近北極時，會發現他們不由自主的被拉攏在一起。他們在二維表面上滑行，二維表面會跟著三維的地球

彎曲。這也是為什麼在自由飄浮的密室裡放開兩顆蘋果，如果底下有重力來源，蘋果就會開始慢慢互相趨近。蘋果在三維空間中滑動，依照愛因斯坦的概念，必定是環繞著「它們看不見的」四維空間裡的曲度。不幸飄浮於蘋果之間的探險家，只不過是看到它們沿著那樣的曲度滾動而已。

　　就愛因斯坦全新塑造的空間觀念而言，沒有必要想像額外的重力；相反的，重力只不過是空間扭曲造成的結果。白雪皚皚的北極，並沒有發出不可見的力量來拉近滑冰者。物體始終沿面前最直接的路徑，除非有什麼力量將它們推開。人們甚至不用想像冰冷的北方或落下的密室，只要看看在海水裡上衝下滑的衝浪者就行了。如果他底下的海浪是隱形的，他的往上衝會令人匪夷所思，隨後的滑下來也是一樣。不過，等你一看到海水，就什麼都明白了。

　　愛因斯坦發現，空間幾何與物體在空間裡的運動，取決於物體本身造成的空間扭曲。若空間裡空無一物，則完全沒有扭曲，就會像是平平的幾何平面。如果平面上有一顆行星，就會有一些扭曲，因為行星使周圍的空間向下凹陷。如果有幾十顆行星，就會有更多凹陷與扭曲，全都拉扯著它們周圍的空間。

　　這層領悟徹底改變了我們理解宇宙結構的方式。1816年，數學家高斯曾寫道，「或許在來世，我們就有能力洞悉空間的性質，然而現在還辦不到。」才過了不到一個世紀，愛因斯就坦辦到了。「事物」的領域和周圍空間領域的「幾

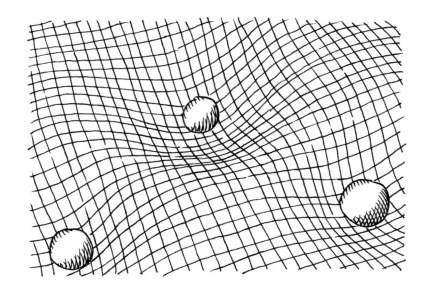

何」，根本是密不可分的。把一塊巨大的石頭放在新的地點（例如使整個地球這個大物體占據太陽系的某個位置），地球龐大的質量使空間凹陷，足以把人類、蘋果樹、整座山脈緊壓於表面；足以導引飛機、太空梭，甚至遙遠的月球。這正是太陽牽引地球的方式：彷彿太陽在它周圍開闢了一道溝渠，我們的地球則在溝渠裡繞圈圈。我們覺得我們時時刻刻都在向前直行的原因，在於我們無法退得遠遠的，好「看見」我們正沿巨大的彎曲路徑滑行。然而，愛因斯坦在他的腦海中看見了。

精簡對稱的方程式

符號比文字更精確。「質量與能量導致空間凹陷」，這樣只是非常粗淺的近似說法。愛因斯坦提出的概念，用以下的方式來表達會比較好（但還是很簡略）：某個位置有「事物」——簡稱為T。那些事物在周圍產生扭曲的「幾何」——簡稱為G。

愛因斯坦的見解為（如彈跳床的圖示說明）：事物（T）的任何排列方式，都會在周圍產生獨一無二的全新幾何（G）。存在於某位置的事物組合（例如手、山脈、爆炸火焰等等），使周圍的幾何彎曲或偏移。換句話說，T的改變，導致T周圍的G改變。

愛因斯坦的發現簡單到不行，得出的方程式更是十分「簡短」。怎麼判斷事物如何運動？只要看事物周圍扭曲的空間幾何就行了。逐步化簡如下：

- 空間幾何（凹陷的彈跳床）導引事物如何運動。
- 幾何導引事物。
- G導引T。
- G→T。
- G＝T。

怎麼判斷空間如何扭曲？只要看位於空間裡的事物就行

了。同樣逐步化簡如下：

· 事物扭曲周圍的空間幾何（凹陷的彈跳床）。

· 事物扭曲幾何。

· T扭曲G。

· T→G。

· T＝G。

原來，構織我們宇宙的核心方程式，竟是如此對稱！宇宙的整個架構與動力，幾乎都在這兩個簡潔平衡的句子裡：事物扭曲幾何；幾何導引事物。利用簡化的等式來歸納那些交互作用，用最簡單扼要的方式將兩者結合，得出單一方程式：G＝T。愛因斯坦實際上使用的符號具有更詳盡的特性，但即使G＝T只是簡單的比喻，卻是相當接近的比喻，符合愛因斯坦的概念精髓。

這真是美妙至極的發現：那些似乎不規則且隨機的事物，例如行星在太空中的運行，實際上竟來自極為明確的法則。最重要的是，人類利用推理能力，發現了這個法則。

這道方程式成為廣義相對論的核心，愛因斯坦試圖謙虛以對。後來他說，「當一個人經過這麼多年的探索，碰巧有了想法，因而揭開神祕宇宙之美，他不應該自吹自擂。」但那時候，他實在忍不住了。1915年，他興高采烈寫道：「〔這〕是我一生中最大的滿足。」他對好友貝索更是沒有保

留，「我最大膽的夢想，如今已然成真，」愛因斯坦破解宇宙之謎後，1915年11月於信尾署名前寫著，「得意忘形的阿爾伯特敬上。」

第三篇

榮耀加身

愛因斯坦與第二任妻子愛爾莎，1920年代初攝於柏林。

第 九 章

這到底是對還是錯？

　　愛因斯坦始終相信，我們的宇宙具有無形的結構機制，正等著人們發現。此外，他始終認為，這種宇宙架構很簡單、很嚴謹、很明確。還有什麼比 G ＝ T 之類的觀念更簡單、更嚴謹、更明確的呢？他的空間與重力理論，似乎不可能是錯的。

　　在 1915 年 11 月的突破中，愛因斯坦並沒有顯露自我疑慮的跡象 —— 然而他知道，過去別人曾經懷疑他。他最早的重力概念，可追溯至 1907 年在專利局那時候的想法，不過造成的衝擊很有限。即使是他在布拉格那些年的初步詮釋，大致上仍是私底下的研究。但隨著愛因斯坦受到愈來愈多物理學家的認可，反對他這方面研究的人也愈來愈多。

　　1913 年在維也納的一場會議上，愛因斯坦提出他這個延伸理論的詮釋時，似乎全場的知名教授都認為，他一定

是腦筋糊塗了。當時愛因斯坦試圖保持鎮靜，但後來他坦承自己很震驚。「我的同儕費心關注我的理論，」他回憶道，「……只不過是存心要扼殺它。」連當時歐洲最德高望重的科學家普朗克也有疑慮，寫信跟愛因斯坦說，「身為虛長幾歲的好友，我不得不勸你不要〔發表這項新理論〕……你不會成功的，沒有人會相信你。」

愛因斯坦知道，他有必要說服同儕，他的理論合情合理，但或許最重要的是，他有必要消除自己的疑慮。幾世紀以來，牛頓的萬有引力理論一直是科學思想的基石，裡面哪裡有提到什麼扭曲空間。荷蘭理論物理學家勞侖茲是愛因斯坦的知己之一，愛因斯坦對他幾乎是敬之如父，他向勞倫茲坦承，「我的理論還有這麼多缺失，以致我的信心……動搖。」

愛因斯坦還相當年輕，專業上受到推崇只不過是最近的事情。他想用 $G = T$ 來證明的理論，簡直是膽大妄為。基本上，他是在告訴同儕，他們有如平面國的居民，明明存在於不可見的更高維度，卻對這樣的事實視而不見。現在愛因斯坦宣稱自己發現了真相，難怪他們心存疑惑。

愛因斯坦真正需要的是驗證 —— 想辦法證實我們周遭存在更高的維度。可是從看似抽象的 $G = T$ 關係式中，如何提出驗證？

他已經想到了方法，或許可以證明他的理論是對的。他已經能夠說明，根據他的新方程式，水星的行進方式和牛頓

的預測有很細微的差別。問題是，這並不是什麼新鮮事；天文學家早就知道，水星的運行方式不同於預測。雖然沒有人能夠解釋為什麼會這樣（除了愛因斯坦），但冷嘲熱諷的旁觀者總是可以說，愛因斯坦是根據水星軌道的已知事實，再反推回去，建立一套會「產生」這種運行軌道的理論。

如果他能用他的新理論預測「沒人想像得到會發生」的事情，接著再測試這項預測，證明它是對的，這樣就會更令人心服口服。1912年在布拉格的時候，愛因斯坦早已想到這一點，現在他意識到，或許有一個辦法可以做得到。

光也會彎曲

回想一下，在繃緊的彈跳床上那顆受到輕彈而向前的小滾珠。當它在平坦的彈跳床上行進時，會以一直線向前滾動。彈跳床的中心有一顆小石頭，使該處產生凹陷（小石頭代表我們的太陽），當小滾珠接近凹陷處時，便沿凹陷處下沉而轉向內側。我們的太陽如此龐大，以致周圍空間產生巨大的「凹陷」，地球正是沿此凹陷處繞行，有如卡在輪盤中滾動的球，只因有原先的向前運動，才不至於愈繞愈接近太陽。

在考慮如何檢驗他的重力理論時，愛因斯坦發現，根據他的理論，不只是行星會以這種方式受到空間曲率的牽引，光也一樣會受重力「彎曲」。

乍看之下，這似乎是不可能的。我們學到的是，如果從載人氣球上用手電筒照射另一具氣球，無論氣球是在空曠的太平洋上空高處，還是緊挨在聖母峰旁邊飄浮，手電筒的光束都會以直線行進。光不會因為旁邊有質量龐大的高山，就受到牽引而偏向一邊。

但是愛因斯坦認為，光只會以直線行進的觀念是一種錯覺，這只是因為我們生活在重力較弱的行星上。假如我們可以去重力遠大於地球重力的地方看一看，那麼我們應該可以看到光飛快行進時的偏向，由此偵測到空間裡「開啟」的無形溝槽。

在太空中的加速密室裡

愛因斯坦思想實驗的最簡化版本，說明了他如何得出這項假設。想像這回「遭麻醉昏迷、醒來時在密室裡自由飄浮」的人不是探險家，而是你自己。而且這次你並不是失重飄浮，而是感覺到一股舒適的作用力把你拉到地上。如同探險家的飄浮，這股作用力也是很不明確的。它可能表示，你已經安全降落在地球表面，你的驚異之旅結束了，氣閘艙一打開，你會走出艙外，迎向等待的歡呼人群。

但是，它也可能表示，你身在外太空的密室裡：殘忍的侵略者劫持了密室，用鉤子勾住它，現在正拉著你，前往他們的邪惡太空母艦。如果他們的加速度調校準確，你會被按

在地上，感受到的力道與地球重力一模一樣，不會太強也不會太弱，就像是地球上某人坐電梯時，在電梯廂裡從容等待電梯門在一樓打開時的感覺。（這種作用我們都很熟悉：當我們坐車突然加速時，會被往後推向座位。閉上眼睛，忽略引擎的轟隆聲，你也可能是在某顆行星上，行星的重力牽引正以同樣的力道，將你拉向座位。）

假設你是處於愛因斯坦思想實驗的第二種情境（在太空中被劫持的加速密室裡，而不是在地球上的靜止密室裡），你設法找到一扇窗戶，掀開上面覆蓋的金屬板。假設你掀開時，附近一顆行星上的燈塔發出的光束，正好從窗戶照進來。如果你和密室沒有移動，你會看到光束進入密室，照到遠處的牆上，位置就在光束照進窗戶的正對面。不過，由於劫持你的太空船正在使密室向上加速，因此當光束照到遠處的牆上時，不會和你在太空中懸浮不動時照到的地方一樣。更確切來說，在光束行進穿越密室的這段時間裡，密室會上升一點點，因此當光束照到遠處的牆上時，不是在光束照進窗戶的正對面，而是會彎到比原來低一點點的地方。

思想實驗的這第二部分，反映出愛因斯坦的一個有力觀點，它或許可稱之為「觀測民主」（observational democracy）：正如生活中沒有任何人自動享有優先權，也沒有任何觀測者可以說，他們在觀測某事件時的有利位置，自動優於其他人。

在目前的思想實驗裡，這意味沒有人可以分辨出，他

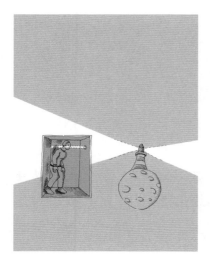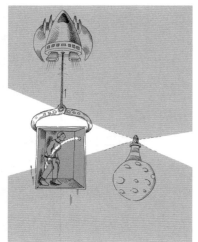

們究竟是在遙遠的太空中被拉著，還是在地球上的密室裡站著不動（如果拉著他們的作用力強度正好一樣，就分辨不出來。）結論就是：某人在其中一間密室裡看到的，會跟他在另一間密室裡看到的一模一樣。

　　要瞭解思想實驗的結論何以是正確的，可以想像一下：在地球上靜止不動的密室裡看到的燈塔，以及在被劫持的太空密室裡看到的燈塔，兩者有何不同。在被拉著的密室裡，會有 1 g 的作用力把你按在地上（因為邪惡的壞蛋正在拉著你），光行進穿越密室時會彎曲。在地球上靜止的密室裡，也會有 1g 的作用力把你按在地上（因為地球產生「真正的」重力），所以光行進穿越密室時，也必然會彎曲。（為什麼？因為如果光線的彎曲不一樣，你就可以分辨兩處之間的

差別，而我們都已認同，這是不可能的。）

根據這個簡單的思想實驗，愛因斯坦推斷：光在重力場中會彎曲，就像光從加速中的位置來看會彎曲一樣。那樣的預測正是他可以檢驗的。在他研究導出廣義相對論的漫長歲月中，很早就想到粗略的方法，不過等到他在1915年完成最後的理論時，細節才變得比較完善。

進行實驗來檢驗理論

愛因斯坦設想的「真實實驗」也很簡單，至少在科學方面來說。他只需找到非常龐大的質量，大到足以在附近空間產生巨大的凹陷，然後看看光束通過附近時，是否真的改變方向，像是高速賽車沿曲道行駛時，會傾斜得很厲害那樣。愛因斯坦預測，在如此龐然大物的周邊，藉由觀測看得到的光束，應該能夠看到它背後的物體，因為重力造成的空間曲率，會把背後物體發出的光，重新導向觀測者的眼簾。

愛因斯坦發現，在我們的太陽系，適合這種檢驗的候選者只有一個：太陽。太陽如此龐大，應該會使空間大幅彎曲，對周圍的光造成的影響應該看得出來。但是這個點子有一個問題。即使太陽真的導致附近的光彎曲，愛因斯坦也知道這多半很難偵測：光的彎曲遠小於一度，效果相當小；而且白天看得到太陽時，太陽烈焰與爆炸這麼亮，根本不可能看到從太陽旁邊擦身繞過的遙遠星光。

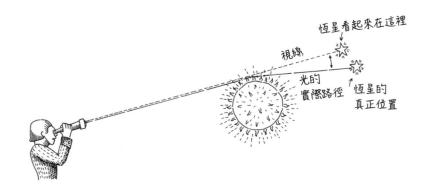

恆星看起來在這裡

視線

光的
實際路徑

恆星的
真正位置

但在日全食期間呢？那就兩全其美了。天空是暗的，但太陽就在頭頂上，到達太陽邊緣的遙遠星光瞬時可見。那時候如果遙遠的星光彎曲了，我們就可以看得出來。

愛因斯坦最初試圖詮釋 G 和 T 之間的關係時，早已想到這種檢驗方法，到了 1915 年 11 月的重大突破時，他才終於拍板定案。但是那年年底，當他向德國最著名的科學家正式介紹以 G ＝ T 為核心的廣義相對論時，卻無法提出這項檢驗的結果，而這是有原因的。愛因斯坦早就委託一位熱心的年輕天文學家弗勞德里希（Erwin Freundlish）進行檢驗，他的知識及熱心助人，讓愛因斯坦印象深刻（他的姓氏在德文意為「友好」，可謂人如其名）。沒想到，弗勞德里希這個人竟然諸事不順、厄運連連。

弗勞德里希向愛因斯坦提出的第一個建議是：根本不用等到日食，仔細檢查儲存在漢堡天文台的舊照相底片，看看那些底片是否在不經意間捕捉到愛因斯坦要求條件下的日

食。愛因斯坦回信說，他支持這個想法。弗勞德里希獲得天文台台長的許可，開始逐一檢視、測量照相底片，結果發現，天文台檔案室裡雖然有許多（非常多）照相底片，但是天文學家偏偏一再錯過記錄那些可以證明愛因斯坦理論屬實，並令弗勞德里希功成名就的星光偏移。

弗勞德里希還是樂觀如昔。何不看看，是否有可能在白天一睹遙遠的恆星，利用這種方法得到測量結果，而不是苦等日食將白天的天空變暗？這個點子太令人興奮了，於是1913年他專程前往蘇黎世和新朋友愛因斯坦商量。不幸的是，這也是弗勞德里希的蜜月旅行，也就是說，當他去聽有關相對論的演講、當他們和愛因斯坦共進午餐，以及最後當他們飯後一起去散步時，他的新婚妻子不得不客客氣氣的陪在他身邊。可想而知，這對她來說，真是非常漫長的一天。

後來，在弗勞德里希離開後那幾個星期，愛因斯坦做了一些調查。他發現刺眼的陽光顯然太強烈了，沒有任何望遠鏡能夠進行弗勞德里希建議的程序，連加州威爾遜山天文台的大型儀器也沒辦法，台長在來信中證實了。

弗勞德里希的下一個點子似乎好一些。1914年8月會出現日全食，還有大約一年的時間，而且在不算太遠的地方就看得到，在俄羅斯南部風光秀麗的克里米亞，靠近繁華的港口城市塞瓦斯托波爾。俄羅斯帝國艦隊的基地設在那裡，這表示附近會有餐館和高級酒店，等照片拍攝成功，他就可以在那些地方慶祝。在那個時候，德國與俄羅斯多年來一直相

安無事，沒有理由認為會出任何差錯。

倒楣的天文學家

　　弗勞德里希熱切的想要證實愛因斯坦的初步構想，這惹惱了某些老一輩的研究人員，他們可說是德國天文學界的當權派，因此官方資助機構不肯給足夠的資金。愛因斯坦不敢相信，他們對弗勞德里希竟然這麼沒信心。沒有太多時間可準備了！1913年結束之前，他寫信給弗勞德里希，「如果科學院不肯合作，那我們就找私人機構籌措那一點點〔現金〕……如果一切都行不通，我會用我微薄的私房錢來付帳……〔但〕快去訂購照相底片吧……不要因為錢的問題而耽誤時間。」

　　即使愛因斯坦伸出援手，資金還是不足，但弗勞德里希設法從超級有錢的克魯伯家族拿到額外的資金。克魯伯家族是世人聞之喪膽的軍火商，他們的大砲和其他軍事裝備銷往世界各地，更是德國軍隊的主力。

　　1914年7月底，弗勞德里希抵達俄羅斯的克里米亞半島。幾天後，第一次世界大戰暴發，德國與俄羅斯處於敵對狀態。弗勞德里希那時在野外紮營，配備功能超強的望遠鏡，又離俄羅斯帝國艦隊基地不遠。很難想像，還有什麼可以讓一名德國公民看起來更可疑，尤其是他的所有文件都顯示，他的任務有克魯伯基金會在背後撐腰。弗勞德里希一行

人很快就被武裝俄羅斯人包圍，他辛辛苦苦準備的儀器遭到沒收。8月21日，日食如期發生，周圍繁星安詳靜謐，遠離遍及歐洲的猛烈砲火，然而可憐的弗勞德里希，卻被關在俄羅斯戰俘營裡。

愛因斯坦等人沒多久就設法將弗勞德里希救出來，作為戰囚交換的一部分。還是老樣子，弗勞德里希並沒有心灰意冷，只不過他必須籌謀更多機會，以便找到新的證據！下一次真正適合的日食還要好幾年才會出現，這樣要等太久了。但是他們想到，與其非要太陽不可，木星附近一定會有無形的重力谷，如果測量陷入其中的星光，那會怎樣？這樣的星光偏折，會小於星光陷入太陽附近空間大曲度的偏折（正如彈跳床的表面上，小石頭造成的凹陷，小於較重的石頭造成的凹陷）。但木星肯定比太陽更容易拍攝。

這並不是餿主意，但是等到弗勞德里希開始加緊腳步、找齊適當的儀器時，漢堡天文台台長已經受夠了這個下屬的旺盛精力。愛因斯坦寫信給教育部，促請行政官員不要理會那些礙手礙腳的官僚，請他們支持弗勞德里希。部長將他的請求轉告天文台台長，台長不但是教授，而且是樞密院官員，對自己受封為「國策顧問」（Geheimrat）或「顧問大人」的頭銜感到自豪。他肯定不認為自己是官僚，在他看來，弗勞德里希只是地位低下的職員，能力有問題，而且抗命犯上，令人無法接受。台長寫了一封既強硬又帶刺的回信給愛因斯坦：「連觀測專家用『眾多最先進的測量方法』，

都產生不了任何有用的結果，更不用說那些不屬於這一行的人，只會導致不必要的時間與精力消耗。」

　　弗勞德里希上司的阻撓只不過是眾多問題之一而已。隨著戰爭的拖延，加上德國對英國加強海上封鎖，愛因斯坦和忠心耿耿的弗勞德里希，顯然不可能進行他們的天文檢驗了。看來，愛因斯坦大膽的新理論成了一灘死水 —— 除非他另有可以求助的人。

第 十 章

日全食

　　1919年5月，一名瘦削的英國人滿身大汗，從西非小島上的一間小屋走出來，焦急的抬頭望著太陽。日食即將出現，他已經花了兩年時間準備觀測。但是，如果從剛果海岸來襲的暴風雨不消散，他從英國用船運來再拖上陸地的昂貴望遠鏡，就會毫無用武之地。

　　無論如何，儘管細雨濛濛，他還是要團隊把儀器架設好，再用自己的外套蓋住鏡頭。這舉動不賴，因為就在日全食出現的幾分鐘前，雲層突然散開了。

　　太陽邊緣亮得嚇人。上一代的天文學家曾想像，烈日光芒中的某個地方，有一顆他們稱為火神星（Vulcan，羅馬神話中的火神）的行星，快速環繞太陽。他們會這麼認為，是因為水星的運行軌道似乎有點問題。根據牛頓萬有引力理論的預測，水星具有非常精確的軌道，但這並不符合觀測到的

現象，即使修正太陽系其他行星對水星的輕微牽引作用，結果也是一樣。可能還有一顆運行軌道更靠近太陽的行星，把水星拉扯到那個不規則的路徑上。

其他的望遠鏡觀測皆未能發現這顆想像的新行星。在這個英國人的望遠鏡裡，如果正準備安裝上去的大型照相底片能展現他預期的影像，他無疑就能反駁這顆行星的存在。他的做法並不是證明這顆行星不在底片上，而是藉由拍攝證據，證實當時還沒沒無聞的德國理論物理學家的理論。而正是因為這位素未謀面的柏林紳士，他才會出現在這座荒島上。

從他後來的紀錄中，我們得知接下來發生的事情。他抬頭瞄了一眼，雲又回來了。等一下有很多底片要更換，動作要很快才行。英國人又彎下腰，不受成群的蚊子干擾。等他拍好照片，以後有的是時間仔細推敲理論。

假如，底片的感光乳劑撐得了熱帶高溫的話。

虔誠的愛丁頓

1917年，天文學家愛丁頓（Arthur Stanley Eddington）在劍橋大學的同事陷入死胡同了。他們都知道，愛丁頓是意志堅決的人，騎腳踏車時，那些試圖追上他的人很快就發現這一點。他總是穿著得宜，整潔的西裝長褲塞進同樣整潔的襪子裡，但臉上神情桀驁不馴，他會在鄉間疾馳狂飆好幾個

小時，把同事遠遠拋在後頭。

　　他們知道，愛丁頓的堅定意志也來自他的宗教觀。愛丁頓是虔誠的貴格會信徒，宗教原則使他不願意服兵役來保衛大英帝國，這場大戰自開戰以來，已經拖了許多年。許多劍橋人在歐陸戰場上喪生，包括大學裡最著名的年輕物理學家之一莫塞萊（Henry Moseley），他在加利波利戰役中，無謂的犧牲在土耳其機槍。愛丁頓眼看就要成為同輩中的頂尖天文學家，劍橋同事不會再讓另一位自己人遭遇同樣的下場。

年輕時的愛丁頓，攝於 1914 年。

然而，當時劍橋行政主管為了取得愛丁頓的兵役豁免權，寫信到英國內政部，說明愛丁頓留在大學裡可能做出的貢獻，對打贏戰爭來說是有必要的，這樣一切就解決了。內政部寫信給愛丁頓，附上豁免表格，他只要簽名就好。愛丁頓很認真的照辦，卻更認真的加上一段解釋，說他身為虔誠的貴格會信徒，即使不明說，但無論如何，他良心上還是拒絕服兵役。如同愛丁頓一位朋友後來說的，「這段話畫蛇添足，邏輯上必然使內政部陷入兩難，因為出於良心拒服兵役的人，是要坐牢的。」愛丁頓的同事對此「非常不滿」。

服科學替代役

　　但他很走運（愛因斯坦也跟著沾光），愛丁頓的朋友想出解決方法，讓他不用去打仗，也不用坐牢。此事竟涉及與英國敵對的德國，以及即使在戰火最烈時，依然從德國流出的奇特科學理論。

　　自從開戰以來，英國與德國科學家的直接聯繫早已中斷。審查人員不喜歡電報裡有看不懂的公式和數據在兩國之間來來去去。英國舉國上下厭惡德國的一切，屢次引發動亂，甚至導致有些擔心害怕的移民家庭改換姓氏。但愛因斯坦新觀念的蛛絲馬跡，卻藉由荷蘭的可靠中間人士輾轉傳到了英國。

　　皇家天文學家戴森（Frank Dyson）爵士是愛丁頓的主要

保護者，他不懂愛因斯坦理論的所有細節（甚至不相信這些理論必然成立），但是如果劍橋人可以確認，這位陌生的德國科學家究竟是對是錯，他倒承認這是一招妙計。愛丁頓不僅能證明科學超越了殘酷的戰爭，還能維持英國和德國之間的一絲寶貴聯繫。

戴森遊說在英國海軍部的熟人，達成的兩全其美協議，連最認真的貴格會信徒也難以回絕。愛丁頓將參與重要的政府工作，在任何情況下都不會被送上前線，更不會淪為戰犯。取而代之的是，愛丁頓將「身不由己的自願」率領一支天文觀測隊，一舉驗證愛因斯坦的理論。

進行科學任務而不是軍事任務，這主意愛丁頓可以接受。對於科學在戰爭期間可能的有利影響，他瞭解的程度說不定甚於戴森。與愛丁頓同時代的英國貴格會知名信徒弗萊（Ruth Fry）寫道：「一個率領觀測隊去治療戰爭創傷的人，強過一整營的武裝士兵。」對愛丁頓來說，用一趟旅程來為在英國最大敵國的首都裡，從事研究的大思想家證實觀點，是很理想的。「緯度線和經度線不分國界，」愛丁頓寫道。真理的探尋將使人類團結起來。

因此，在戰時的英國（幾乎所有物資都短缺，而且島國的周遭海域，都有可怕的德國U型潛艇在搜索），愛丁頓開始籌畫，該如何達成愛因斯坦的幫手（運氣不佳的德國天文學家弗勞德里希）未能達成的任務。

愛丁頓知道1919年5月29日預期會發生日食，因此決

定利用這次日食來檢驗愛因斯坦的理論。日食只有在特定區域才看得到，而這次日食的可見區域，預計將從巴西北部橫跨大西洋到非洲的路徑。愛丁頓與戴森安排了兩支觀測隊，一支從位於巴西叢林的索布拉爾觀看日食，另一支則遠赴西非外海的普林西比島，那裡是葡萄牙的殖民地，靠近赤道及日食經過的路線。

去普林西比島的輪船，沒有人記載過，連英國最大保險組織勞合社的航運保險公司也沒聽過，因此第二支隊伍只好走一步算一步，先到小島附近，再想辦法搞定細節。更頭痛的是，愛丁頓的資金有限，只能容許四個英國人參與觀測計畫：愛丁頓的兩位同事將從巴西觀測日食，愛丁頓本人以及他挑選的格林威治天文台技師柯亭罕（E. T. Cottingham，具機械長才），則會從普林西比島觀看日食。

來自其他國家的實驗學家，有時也會受邀加入這樣的觀測隊，以便協助贊助國的研究人員，但在這種情況下，有一位顯然是外國人的候選者遭到了冷落。由於還在打仗，弗勞德里希不可能隨同任何一支觀測隊伍，即使1918年11月簽訂停戰協議後，這種跨國合作對可憐的他來說，也是遙不可及。弗勞德里希當然知道，1919年5月是他的一大良機，因為太陽越過滿天繁星的日食場面，多年難得一見。由於雙方之間的交流多半仍受阻，他苦苦期待邀請函的到來。弗勞德里希的英語說得夠好，又有愛因斯坦本人的推薦。但是到了1919年2月，亦即觀測隊排定啟程的月份，他已經知道這件

事與他無緣，他去不成了。

神父的堅持

在英國，兩支觀測隊的準備工作起初緩慢得令人心急，但戰爭一旦平息即加緊進行。「還沒停戰之前，儀器製造商根本做不了任何事，」愛丁頓寫道。等到戰爭真的結束已經11月了，他們只剩三個月的時間可以準備。就在觀測隊離開英國之前，原本納入巴西觀測隊，但最後無法成行的天文學家柯爾蒂神父（Father A. L. Cortie）建議：除了主要設備之外，他們也需要一具相對較小的四英寸望遠鏡備援，以防萬一。愛丁頓已經有很多東西要帶，但柯爾蒂很堅持，所以那具望遠鏡最後也跟著觀測隊的行李去了巴西。

1919年2月，四人帶著妥善打包的望遠鏡、木箱、帆布、透鏡、香菸、兩部節拍器，無疑還有大量的茶葉，以及其他的必要物品，在利物浦碼頭集合。他們在碼頭找到待命中的安塞姆號（Anselm），這艘船特別適合穿越剛剛擺脫德國U型潛艇的危險海域。1919年3月8日，他們離開了英國。

到了摩洛哥外海的葡萄牙島嶼馬德拉後他們分頭行動，巴西觀測隊繼續前進，準備前往普林西比島的兩人則留在岸上。愛丁頓到處尋找有空位的船，讓他們可以繼續剩下的行程，這就花了將近一個月的時間。柯亭罕在那裡無聊得很，而愛丁頓呢，雖然很可惜沒帶上腳踏車，但他利用這段時間

攀登當地的山脈，還去參觀馬德拉島的賭場——他寫信跟母親說，他不是為了去賭博，而是聽說那裡供應相當好的茶。要是愛丁頓決定賭幾把，他的心算速度說不定會大大增加觀測隊的財源。

前往熱帶風情島嶼

4月初，他終於找到一艘可以帶他們去熱帶地區的運輸船。全世界剛從戰爭中慢慢復原，離開港口時他們經過了多艘沉船，船體扭曲的金屬桅杆伸出水面。在開放海域中，乘客完全沒有被知會每天的位置，因為儘管有停戰協定，但與德國的和平條約至今尚未簽署，正式來說還是在戰爭狀態。

戴森還沒完全弄懂愛因斯坦的新觀念，但他懂球面幾何，在格林威治的辦公室裡，他倒是有辦法畫出愛丁頓與柯亭罕沿途經過的大約路徑。這也正可說明幾何學家早就知道的事情。如果可以切開地球，從馬德拉島走直線路徑到普林西比島，路程當然會短很多，但由於那是不可能的事，他們只好沿地球曲面走較長的路線。

這點愛丁頓也知道，但地球這麼大，從他的船上位置來看，離地表是這麼的近，前方的地平線似乎永遠是直的，只有波浪起伏，才能使地平線上下震盪。引擎散發出燃燒燃料的氣味，一路推動他們前進，單調沉悶的日子過了一天又一天，直到「4月23日上午，我們才首度見到普林西比島，」

他的私人筆記這樣記載著。

　　小島突出於海面，中央的山脈高約一公里，看似將濃厚的雲層都拉攏在山巔。到處都是茂密的森林。在好幾處懸崖的底部，狂濤擊石，激起一百多公尺高的浪花，但也有一些海灣的火山岩遭海浪侵蝕殆盡，兩人便從其中一處海灣上岸。

　　普林西比島的溫度大約攝氏27度，不如預期中的赤道熱帶地區那麼炎熱，但很潮濕，而且他們正好在雨季結束前抵達，因此狂風暴雨依然是常有的事。風雨間歇時，小島上蚊蟲雲集，儘管天氣炎熱，愛丁頓和柯亭罕仍不得不全身包得密不通風，免得被蚊子咬而受擾。他們每天服用奎寧，找當地工人興建可以遮風避雨的小屋，還要驅趕猴子，而且有時得用上步槍。島上的一位種植園主邀請他們過去喝茶，隨便拿出來就是一整碗糖，讓他們更深刻明白已經離開家鄉很遠了。他們愣了一下才想到：由於戰時配給，五年來他們幾乎沒看過糖。

　　來到小島三個多星期，該是時候準備觀看日食了。幾天前，最嚴重的雨勢已經停了，為了更確保避開雲層，他們搬到小島西北端的高地，離中央的山脈愈遠愈好。洶湧的大西洋就在幾百公尺高的峭壁下方。森林如此茂密，以致他們的設備無法靠騾子駄完最後一公里，只能請當地的搬運工人幫忙。他們找到一塊空地，5月29日當天，他們終於為此行的任務準備就緒。

愛丁頓在日記裡記錄日食的開始，平靜回顧當天早上的天氣現象。「〔在〕早上有一場非常劇烈的雷雨，從大約10點下到11點半 —— 發生在一年中的這個時候，很不尋常。」接著太陽現身，但沒多久雲層又席捲而來。時間一分一秒過去，誘人的陽光露了幾次臉，到了下午2點，只有淡淡浮雲遮住太陽。

掌握全日食五分鐘

　　日全食的整個過程不到五分鐘，而且將在下午2點13分5秒準時開始。愛丁頓想必心急如焚，希望遮住太陽的雲趕快飄走。如果愛因斯坦是對的，太陽已經如同緊繃彈跳床上的石頭，使我們頭頂上的空間扭曲了，來自遙遠畢宿星團的星光，會沿曲度行進而大幅彎曲。星光行進了幾兆公里才到達那裡，然而如果星光被望遠鏡上方幾百公尺高的雲遮住，他就永遠無法證明任何事情了。

　　柯亭罕準備好非常重要的節拍器，在日全食發生前大約58秒、22秒、12秒時提醒愛丁頓。當可見的最後一絲「日牙」消失，空地外圍的森林幾乎陷入全黑時，他大喊一聲「開始！」愛丁頓早就拿好第一張照相底片，馬上插進望遠鏡裡，動作盡可能輕柔，以免晃動望遠鏡。柯亭罕繼續計數，每十或二十拍喊一次，這樣愛丁頓才知道何時該取出底片，以確保曝光正確。

這五分鐘令人神經緊繃，日食結束時，大家心情都不太好。愛丁頓回憶，「我們必須確實執行照相程序。」由於他必須不斷更換底片，幾乎沒時間抬頭看日食，只在中途為了估計雲量，很快瞄了一眼。到最後，他們拍了16張照片，但由於雲這麼多，他們不知道有沒有任何一張照片能用得上。大家都很失望。更氣人的是，日食的巔峰時刻過後才幾分鐘，天空竟然完全放晴。

從那一刻起，研究人員就忙著解讀照片。他們每天晚上可以沖洗兩張照片，六個晚上都在沖洗照片，白天則開始試著測量他們要找的遙遠恆星的位移。但由於雲的緣故，照片洗出來都是斑斑點點，這代表愛丁頓還無法確定，他們拍的照片能否證實愛因斯坦的預測。

愛丁頓的最佳結論，正如他留在普林西比島準備發給戴森的電報中所寫的：穿透雲層，有希望，愛丁頓。他們還來不及完成位移的詳細測量（底片上呈現的位移，只有幾分之一公厘，幾乎不比人類頭髮還粗）就得離開小島了。一位種植園主告訴他們，傳聞輪船可能會罷工，於是愛丁頓決定最好搭第一班船回英國，否則他的觀測隊可能會困在島上好幾個月。雖然海上航行有可能損壞洗好的底片，但他們已經離開劍橋夠久了。

回到英國後，如果愛丁頓對自己的研究結果感到懊惱，起碼他可以安慰自己，並非只有他的團隊為了測量而傷透腦筋。巴西觀測隊歷盡艱辛，較晚才回到英國，他們的大型望

遠鏡更令他們大失所望。天空倒是夠晴朗，而且環境條件比崎嶇的普林西比島好很多。他們利用汽車（顯然是巴西當地首次見到）拖曳設備，在索布拉爾賽馬俱樂部平坦便利的賽馬場上，整整齊齊的設置好。那裡有冷水（雖然不是很冷），可用來沖洗檢測底片。29日的前幾天，有興趣的當地人甚至排隊買票，透過望遠鏡一飽眼福。

沒想到，天空太晴朗反倒出了問題。巴西觀測隊的位置，距離赤道不到四個緯度，陽光直射的高溫害他們的主要儀器失常。當天晚上，他們沖洗曝光後的底片時，在筆記本上草草寫著觀測可能失敗的不祥預感：「凌晨三點……聚焦出現嚴重變化，因此，儘管星星看得出來，解晰度卻很差。」他們發現，這是因為烈日的高溫，使望遠鏡的鏡面膨脹不均所致。

巴西觀測隊的主要望遠鏡功敗垂成，幸好柯爾蒂神父早有先見之明，當初堅持他們多帶一具四英寸望遠鏡。巴西觀測隊出於責任感，在那部小型望遠鏡的適當焦點，插了一些額外的底片，結果這些底片竟然是整個觀測任務中效果最好的：勝過賽馬場上的大型望遠鏡拍到的；勝過愛丁頓辛辛苦苦運到大西洋普林西比島，在那麼高的原始懸崖上，用同樣的大型望遠鏡拍到的。

愛丁頓和他的助理，在劍橋分析從普林西比島拍到的底片，他們分別進行研究，以確保個人操作不影響讀數。其中有兩張底片不像他們原本擔心的那麼糟，因此愛丁頓也納入

這些結果。他們工作時，知道愛因斯坦在1915年的最後計算中，已經估算出，遙遠星光的彎曲程度非常小。伸直手臂張開手指，小指的寬度大約是角度1度。天文學家把1角度分為60角分，1角分又分為60角秒。愛因斯坦預測：相較於星光通過沒有太陽的平坦空間，當星光通過太陽附近時，入射的星光將會偏移1.7角秒（符號記為1.70"）。這麼小的度量，比手指上最輕微的刮痕還要小，很難檢測出來。

他們的觀測結果，到底會證實愛因斯坦的預測，還是會一舉推翻他的大膽新理論？

大費周章宣布成果

戴森與愛丁頓頗富戲劇感，他們打算等到有大量傑出科學家聚集的場合，再公布結果。延遲公布也讓聽到傳聞的科學家很心急，很想知道到底怎麼回事。愛因斯坦從柏林寫信給荷蘭的物理學家友人，若無其事問道，「你在那邊，有沒有聽說過英國人觀測日食的任何消息？」（後來他假裝早就知道會證明他的研究是對的。）

1919年11月，日食過了半年之後，愛丁頓準備好了。研究成果將在盛大的英國皇家學會與皇家天文學會聯合會議上宣布，地點在莊嚴的伯林頓府，兩個學會的總部皆設於這棟位在倫敦皮卡迪利街的豪宅裡。根據他們的研究發現，全世界即將知道，兩個多世紀以來主宰一切科學思想的牛頓理

論，會不會被推翻；理論物理學家愛因斯坦的離奇預測，是否再也不值得關注。牛頓曾經擔任英國皇家學會會長，學會人士仍可強烈感覺到他的存在，這樣的事實令人更加緊張。

一如往常，茶會在下午四點開始，依照正統的英式風格，來賓應該假裝對接下來發生的事情沒什麼特別興趣。四點半左右，開幕時刻終於來臨。戴森大步走上講台。在座的哲學家懷海德（Alfred North Whitehead）後來回憶，「全場興味盎然的緊張氣氛，酷似希臘戲劇的氛圍⋯⋯形式上有戲劇特質：傳統的儀式中，背景的牛頓畫像提醒我們，在兩個多世紀後，最偉大的科學通則，即將接受首度修正。這並非為了追求個人利益：一場思想上的冒險壯舉，最後終於平安到達彼岸。」

先是戴森致詞，再來是巴西觀測隊隊長致詞，最後終於輪到愛丁頓宣布實驗結果。一年多來的研究造就了這一刻，愛因斯坦的成就，更是取決於這一刻。

若是愛因斯坦在場，他不會感到失望。預測的偏斜角為1.70"。愛丁頓宣布，兩支觀測隊得到的最可信結果為1.60"，誤差幅度為0.15"。戴森簡單的說：「仔細研究底片之後，我要說的是，毫無疑問，他們證實了愛因斯坦的預測。」——愛因斯坦的預測就是：光接近太陽時會彎曲。

根據最新的科學證據，愛因斯坦的全新幾何面貌：足夠龐大的事物會使空間彎曲到能偵測出來，已經證實是對的。

一位心有不服的與會者指著牛頓的畫像說：「我們對

不起這位偉人，我們應該仔細修正或潤飾他的萬有引力定律。」沒有人理他。會議的正式主席是年高德劭的諾貝爾獎得主湯姆森（電子的發現者），他起身總結，並且推崇愛因斯坦的成就。「自牛頓時代以來，這是關於重力理論最重要的成果，」他告訴在座人士。「這個成果是……人類思想的最高成就之一。」

這「最高成就」背後的思想家一般民眾還不認識，但科學界已經給了他的理論最極致的官方支持。沒多久，全世界都會知道這個名字：阿爾伯特・愛因斯坦。

插 曲 二

聲名大噪的原因

　　普林西比島的決定性觀測之後又過了十多年，愛丁頓
發現自己坐在劍橋三一學院資深教員休息室的壁爐前，與劍
橋最著名的物理實驗室主任拉塞福，以及另外幾位賓客共聚
一堂。大家聊到公眾人物成名的話題，在座一位年輕賓客質
疑，為何愛因斯坦這幾年備受公眾讚揚，而一般大眾卻幾乎
沒人知道拉塞福是誰，即便他得了諾貝爾獎。畢竟拉塞福不
是等閒之輩，是揭露原子內部結構的重要人物。

　　「好哇，這都是你的錯，愛丁頓，」拉塞福取笑他。並
非人人都能立刻聽懂他的意思。在場的所有人（包括與後來
故事有關的年輕優秀印度研究員），都知道愛丁頓1919年11
月在英國皇家學會的戲劇性宣布，對愛因斯坦的聲譽有一定
的影響，但影響怎麼會大到這種地步？

　　眾人深陷在厚厚的靠椅上，拉塞福說話了，這次比較深
思熟慮。愛丁頓公布研究結果當時，戰爭才剛結束，拉塞福
回想。天文學向來引人遐思，現在人們得知，德國科學家的
天文預測，已經由前往巴西與西非的英國觀測隊證實，而且
這件事情是在兩國交戰時籌備的。和諧是可能的。真正的和

平是可能的。此一發現「激發共鳴」，拉塞福總結道，「於是媒體宣傳有如颱風般，跨越了大西洋。」

果真是一場「颱風」，因為皇家學會會議之後，愛因斯坦的遭遇前所未聞——簡直無法想像，至少在當時來說。

一切都是媒體引起的，就和目前的很多事情沒兩樣。倫敦《泰晤士報》很有分寸，適度報導了這場會議，但大西洋對岸的許多媒體同業，可不是這麼回事。雖然《紐約時報》有不少優秀記者，但是要在短時間內前往倫敦報導伯林頓府會議，找得到的最佳人選只有克羅區（Henry Crouch），他是該報的主要高爾夫球記者，原本他以為在英國時會去聖安德魯斯之類的迷人高爾夫球場消磨時光。克羅區自認對「四維時空數學」一竅不通，不過，他倒是察覺此事非同小可，他的熱情感染了《紐約時報》的標題作者。於是，盛大會議之後才六天，《紐約時報》報導了：

滿天星光皆轉彎
日食觀測結果

令科學人士激動不已

愛因斯坦理論勝利
群星不在想像或計算之處

但誰都不用擔心

為十二智者所寫的書

愛因斯坦說全世界不出十二人看得懂

出版社勇氣可嘉

標題令人驚歎，但分明與事實不符。星光彎曲正如愛因斯坦預測的那樣：這才是觀測的真正重點。克羅區根本沒和愛因斯坦講過話，「只有十二人懂愛因斯坦理論」的引述，是他自己捏造的。

這些都不重要。拉塞福說對了，人們喜歡的，正是愛丁頓觀測任務展現的國際間和諧。戰後的國際合作還有其他一些例子，比如在探險與醫學上，然而，只有愛因斯坦在美國受到萬人空巷的英雄式歡迎；只有他讓布拉格與維也納的大型演講廳在他現身前幾小時就爆滿；只有他在電影首映典禮受到熱情包圍。當他待在柏林的家裡時，成千上萬封信不斷湧入，信件多到有一次，他夢見自己無法呼吸，因為「郵差對著我怒吼，扔來一綑一綑的信。」

愛因斯坦的不拘小節，與大戰期間上流階層的勢利態度形成對比，這也有助於他的成名。記者最欣賞的是，有一次，他正要抵達車站前往維也納大學演講，官員在火車站等了又等，等這位偉大人物從頭等車廂出現。結果彷彿是1907年勞厄訪問專利局的情景再現：他們看見熟悉的身影從遠處月台的三等車廂走下來，獨自一人優哉游哉漫步，一手拿著小提琴盒，一手拿著石楠木菸斗及行李。

但他的名氣還有更深入的原因。仰望星辰給人的感覺，有如仰望天神。人類一直想要瞭解上帝之道——想要知道混亂為何發生？如何找到隱藏在混亂背後，我們想要相信的意義？全世界都認為，這正是這位沉默寡言、深思熟慮，德國出生、瑞士成長的物理學家發現的。

　　然而，最重要的是，愛因斯坦的名氣，是全世界剛經歷的創傷造就的。數百萬男子在大戰中喪生，無數家庭失去了父親、兒子、丈夫，人們需要找到挽回親人的方式。通靈者變得很受歡迎，儘管事實一再證明，他們根本是騙子。一想到逝去的人再也回不來了，無從聯繫——連一絲音訊也不可求，這多麼令人心痛。另外一種想法似乎比從前更可信了，因為家家戶戶開始在廚房、客廳安裝的大型電器（最早的收音機），藉由這些設備，竟可聽見不知怎樣從遠方傳來的聲音。誰知道，說不定還有別的，在很遠的地方，以我們看不見的方式遨遊、等待？

　　這也是愛因斯坦的研究似乎令人期待之處，因為他表明，至少某些形式的時光旅行是絕對有可能的。在愛因斯坦之前，人們理所當然認為，我們生活在三維空間，另外還有第四維——時間，可以說是與三維空間呈直角，而我們在時間中度過，是以穩定不變的速率前進。愛因斯坦顛覆了這一切。他用推理預測「星光靠近太陽時會轉彎」，同樣的推理也導致他的另一項預測：時間會根據周圍的重力有多強而「彎曲」。通常我們不會注意到這一點，因為地球周圍的

重力相當微弱且均勻，而且我們的運動速率遠小於光速，所以這種效應微不足道。但愛因斯坦揭露了這個令人匪夷所思的時間真相，加上愛丁頓的觀測成功，現在大家都知道他是對的。在特殊情況下，我們有可能穿越時光，加速快轉到未來。

　　從愛因斯坦發現的時間本質，竟可衍生出奇特的結論。想像一下：之前那位遭太空海盜劫持，被高速拖曳穿越銀河系的探險家，當他最後獲救時，可能會發生什麼事。從探險家的觀點來看，他過的時間比救援人員過的時間慢很多；從救援人員的觀點來看，他們過的時間，比探險家過的時間快。當然啦，如果他們有辦法不拖延太久，很快的將探險家從太空海盜手中救出來，不見得會有很大的差別。但如果海盜拖著他在太空兜一圈回來，救援人員最後找到探險家時，救援人員可能已經老了十歲，而探險家由於經歷極大的加速，只會老幾天而已。如果探險家在太空旅行的加速度非常非常大，他被發現時，可能只老了一星期，但原來的救援人員早已作古，迎接他的，竟是他們不知第幾代的子孫。

　　這種令人費解的事情，並不只是未經證實的異想天開。愛因斯坦表明，其影響不僅在於度量機制，也在於現實本身。在星際間旅行的人可能覺得，自己才過了兩三年就回到

地球，回來時他還是年輕人，但「世上已千年」，他認識的所有人（甚至他離開時的文明世界），恐怕早已消失無蹤。

即使在正常速率及我們習以為常的地球重力場下，如果把這些效應放大來看，就會變得很明顯。比方說，有人開快車去上健身課，在車裡的他算算時間，只花了一分鐘，而在那裡等他的朋友，用他們的時間來算，卻看到他開車花了半小時。父母親如果租得起摩天大樓最頂層的公寓（那裡的重力比較弱），比起他們在平地念寄宿學校的小孩，他們會老得比較慢。父母親在高樓，可能只老了一星期，而小孩在平地，已經從小學一路念到大學畢業了。

諸如此類的結論往往令人匪夷所思，連傑出科學家兼猶太復國主義領袖魏茲曼（Chaim Weizmann）也一頭霧水：「幾個星期以來，愛因斯坦為我解釋他的相對論，到最後我才相信他懂相對論。」但愛丁頓的觀測結果顯示，相對論竟然千真萬確。遙遠星光在太陽附近轉彎，並不只是因為空間本身凹陷。更準確來說，時間也以不同速率運作。（這很難揣摩，但試著想像一下：入射星光由一排光束組成，所有光束「齊頭並進」向前疾行，像是一排短跑選手在賽跑。外圍的光束要花較長的時間進行一段給定的距離，像是賽跑選手跑彎道時那樣，這就是為什麼整排光束會開始轉彎。）

愛因斯坦的見解，究竟可以延伸到什麼樣的地步？令人印象深刻的是：有了適當的技術，我們就可以加速快轉到未來。但大戰之後，許多人卻是寧可付出一切，只求時光能倒

轉，讓他們回到過去 ——就算無法挽回失去的生命，至少在槍林彈雨擊倒他們所愛的人之前，可以爭取多一點時間，哪怕臨終前見上最後一面也好。

雖然近來研究愛因斯坦理論的某些結果顯示，時光旅行回到過去，實際上是有可能的，但愛丁頓剛完成觀測那時候，沒有任何物理學家知道該怎麼做，連愛因斯坦也不知道。不過，即使在當時，他的理論確實給了人們另一種隱含的慰藉：我們沒有能力回到過去，但我們也不盡然徹底失去所愛的人。

在愛因斯坦之前的世界裡，人人都相信，某人認為同時發生的兩個事件，在其他所有人的眼裡，也一樣是同時發生的。但愛因斯坦的理論認為並非如此。即使以我們的時間來計算，第一次世界大戰已結束多年，但在銀河系以外，戰場上的眾多死亡事件都還沒有發生。

這不只是度量上的人為現象或神祕主義者的幻想，正如布雷克（William Blake）的詩句：「我看見過去、現在、未來，三者同時存在／我的面前。」如果現在我們到得了那些遙遠的地方，我們就會活在「遭射殺的友人或丈夫還活著」的時候。然而問題在於，愛因斯坦的方程式顯示，那些觀點牽涉到極高的速率及相對加速度，我們永遠到不了那些地

方，因為我們永遠不夠快：現今的技術要達到必要的速率，還差得很遠。

不過，知道這種事是有可能的，即使只是理論上可行，仍然給了許多人安慰——包括愛因斯坦本人。多年後，當他的好友貝索過世、他本人七十六歲時（他有心臟病和其他健康問題，知道自己來日不多），他寫信給貝索的家人，談到他從這個觀點得到的深刻體會：「如今他比我先走一步，離開了這個奇異的世界。這不代表什麼。對我們這些信奉物理學的人來說，過去、現在、未來之間的差異，只是一種錯覺而已，無論這錯覺有多持久。」

儘管（或者該說因為）愈來愈受歡迎，但愛因斯坦的理論研究，多半遭到大眾曲解。愛丁頓的結論公布後沒多久，書籍、演講、電台節目紛紛推出這位偉大人物的研究介紹，其中很多都是亂講一通。不過，起碼愛因斯坦的成就已經傳開了。

從來沒有其他科學家如此備受讚揚，沒有人知道為什麼會這樣，拉塞福不知道，愛因斯坦本人也不知道。然而不管原因何在，幾乎在一夕之間，許多人開始以為，愛因斯坦看透了人類絕對想像不到的事物——他已經伸手觸及天堂，就算帶回來的不是救贖，至少見識到了更深入的事實真相。

第 十 一 章

第一個錯誤

愛因斯坦應該很高興吧。自從1919年愛丁頓證實他的理論以來,他廣受世人推崇,1921年更因理論物理學方面的研究榮獲諾貝爾獎。電影明星、皇室貴族都想接近他;受人群包圍的場面不斷。不過,面對那樣的讚揚及聲譽,愛因斯坦開始擔心他著名理論推衍出的結論,而且由於私人生活方面的壓力漸增,事業方面的焦慮也因而加劇。

他和米列娃的離婚給了他自由(這件事在1919年終於解決了),卻也造成他跟兩個寶貝兒子之間的隔閡。他試著寫長長的信與他們暢談,但他們對父親的示好並不領情。當時他要兒子去柏林探望他,買了一架望遠鏡放在陽台上讓他們玩,但這也幫不了什麼忙。愛因斯坦還專程前往瑞士,帶他們去渡假,他們以前都很喜歡那種徒步旅行的假期,結果這次一切顯得客套而拘謹。有一次,怒氣沖沖的他從柏林寫

信給大兒子漢斯阿爾伯特，指責他態度冷淡。不過漢斯阿爾伯特也一樣憤怒：父親拋棄了他們，竟然還有臉指望任何善意的回報？漢斯阿爾伯特後來回憶，他感覺彷彿有一層「陰暗的面紗」，壟罩在他們殘餘的家庭生活上。

愛因斯坦對米列娃發火，認為她慫恿孩子反抗他，但他早該知道，自己要負一半的責任。而且這一切到底何苦來哉？和愛爾莎一起生活，並不如當初想的那樣。他原本打算完全按照自己的標準維持兩人的關係，1915年還寫信跟貝索說，這是「〔一種〕美好、著實令人愉悅的關係……；避免婚姻，才能確保關係的穩定。」不過愛爾莎有不同的看法，於是1919年6月（那時愛丁頓還在熱帶的普林西比島上），他們結婚了。婚禮才剛結束，事情就不對勁了。

米列娃或許老是埋怨自己遭到冷落，參與不了他的科學討論，但至少她明白他主要在研究些什麼。雖然愛因斯坦當時情緒反彈，覺得愛爾莎沒受過科學教育也挺好的，現在他卻發現，在她天生熱情洋溢的背後，智力方面實在有待加強。「她不太動腦筋，」後來他說。

在熱戀時期，愛爾莎認同愛因斯坦率性過生活的樂趣，也頗能欣賞他嘲笑有錢有勢的柏林人。但等到他們搬進她的七房大樓公寓，有氣派的大廳及身穿制服的門房侍者，他感覺自己困在她的波斯地毯、貴重家具、擺滿精美瓷器的陳列櫃之間動彈不得。她的某些朋友還算有想法，但他見到的，多半只是喋喋不休的社會名流。最糟糕的是，她開始把他當

小孩來照顧。「我還記得，」她女兒寫道，「我母親常常吃飯吃到一半說，『阿爾伯特，吃飯。別發呆了！』」這實在一點也不浪漫。

受女性歡迎

不久愛因斯坦開始拈花惹草。一位和他很熟的建築師回憶，只要有他在場，「對女人的吸引力，有如磁鐵吸引鐵屑。」這些女人有的比愛爾莎年輕，有的比她富有，有的兩者皆是。在她們眼裡，他是地球上最有名的人，而且不像是刻板印象中那種枯燥乏味的知識份子。他依然身材結實、肩膀寬闊（看過他脫掉襯衫的朋友說的）；他喜歡講猶太冷笑話，說道地的士瓦本語（德國的一種方言）。女明星巴不得人家看到自己跟他在一起，例如著名的德國女演員露薏絲·蕾娜（Louise Rainer，曾連續榮獲兩屆奧斯卡最佳女主角獎）。他和有錢寡婦在她的柏林別墅裡共度良宵，還陪伴另一位時髦的女企業家，乘坐她的豪華私家轎車去聽音樂會或看戲劇。

這些女人和愛爾莎之間的對比，加上她的嘮叨和她的愈來愈令人失望透頂，讓大家都很痛苦。愛因斯坦喜歡航行，他設法找到空檔時，會去他們離柏林不遠的湖邊鄉間別墅，他的帆船Tümmler（德語意為「海豚」）就停在那裡。他會一個人出門，待在船上幾個小時，隨風整舵四處遨遊。據他

1930 年代中，愛因斯坦與德國女演員露蕙絲‧蕾娜。
蕾娜的丈夫嫉妒她與這位偉大的科學家眉來眼去，
不過愛因斯坦最花心那陣子，其實是在十年前。

的管家描述，愛爾莎不在避暑別墅時，有個女人常來找他。「那個奧地利女人比教授夫人年輕，」女傭回憶道，「而且很迷人、很活潑，喜歡開懷大笑，和教授一樣。」令人難以忘懷的是，有一次，愛爾莎發現另一個女人的「衣物」還留在船上，他們為此爭吵，冷戰了好幾個星期。他堅稱，男人和女人並非天生就是一夫一妻制。愛爾莎向幾位閨密傾訴，和天才一起生活很不容易 —— 一點也不容易。

這並不是他們想要的婚姻。貝索過世後，愛因斯坦寫信安慰他的成年子女，信尾寫道：「他這個人，讓我最佩服的是，他竟然有辦法和妻子一起生活多年，不僅相安無事，而且始終很和諧 —— 很慚愧，我在這方面失敗了兩次。」

如果這是愛因斯坦唯一的失敗，或許他還承受得了。但他當時正面臨更嚴重的問題。甚至早在1917年（那時應該算是他的巔峰時期），愛因斯坦已經發現，他偉大的 G＝T 方程式似乎有「災難性的瑕疵」，隨著1920年代來臨，這個問題更是不斷糾纏著他。

發現大瑕疵

1915年12月，得出解釋重力的方程式之後，愛因斯坦興高采烈，卻也疲憊不堪。隨著1916年的日子一天一天過去，他開始進行別的研究，到了1916年年底，才有力氣回過頭來研究 G＝T。

到目前為止，他對於那道方程式的研究，都著重在如何應用於特定的物體上，例如太陽系的水星運行軌道，或特定的遙遠恆星發出的光行經太陽附近時的路徑。現在他決定，「〔我〕想把更大範圍的物理宇宙列入考慮。」想法則是探討：G＝T如何應用在整個宇宙的質量上。

正是在這個時候，愛因斯坦發現，方程式似乎有災難性的瑕疵。他那個年代的科學家認為，宇宙是靜止、固定、不變的：充滿一大堆星球，延伸至非常遙遠的距離，有些星球的位置可能會稍微移動，但整體來說，宇宙絕對不會改變。然而，G＝T卻預測出截然不同的結果。假設飄浮在太空的「事物」，彼此已經相隔夠遠，則他的方程式容許它們的隨機運動，開始令它們彼此相隔更遠。但更糟的是，他的方程式似乎也容許另一種可能的情境。假設飄浮在太空的若干「事物」，彼此靠得很近，近到足以使它們開始群集，則造成的空間曲率，可能會使更多的物體開始滑向它們，從而產生一發不可收拾的塌縮。

這種效應，就像是龐然大物在太平洋降落，形成極大的漩渦，以致地球上的一切紛紛被吸進去 —— 海水，接著是島嶼，不久連整個陸地都逃不掉。以宇宙的尺度而言，這相當於空間形成了天大的「凹谷」，使一切滾落其中。更離譜的是，聚集在凹谷裡的一切事物（所有落入其中的質量與能量）的密度增加，使得幾何曲度愈來愈大，隨著空間本身開始塌縮，連凹谷也開始折進本身裡頭。

愛因斯坦不是天文學家，但他的基本知識足以令他相信，自己的理論產生的情境似乎是不可能的。我們太陽系有行星，繞著中央的太陽旋轉。我們銀河系充滿類似的恆星：有的大一點，有的小一點，但人們相信，所有的恆星都在相當固定的位置懸浮著。這就是哲學家康德描述的「宇宙島」：固定、穩定、恆久不變。這就是為何古人提到的星座（處女座、射手座等等），依然大致位在夜空裡的相同位置之故。但現在愛因斯坦發現，如果他 1915 年的簡單方程式 G ＝ T 是對的，那就不會是這個樣子，一切都會不斷的移動。

他陷入兩難。他很喜歡自己方程式的簡單明瞭。宇宙遵循如此簡潔美妙的規律，這樣的想法多好。關於我們太陽系裡發生的事情，以及星光在太陽附近會偏離方向，這個方程式做出了令人驚訝的準確預測。然而他的方程式似乎也預測，以更大的尺度來看，整個宇宙正在變化 —— 有朝一日，天上所有的星球，若不是永遠愈飛愈遠，就是開始陷入巨大的塌縮。然而，知名的天文學家都堅持認為，那是錯的，因為他們的觀測似乎都顯示，宇宙的規模是固定、穩定、恆久不變的。世界上所有頂尖天文學家的共識，怎麼可能出錯？

愛因斯坦決定，一定要稍微讓步了，如果關於宇宙的觀測事實無法改變，那他就必須改變。既然他的 1915 年方程式預測宇宙正在變化，那他就得修改方程式，好讓方程式不會做出這樣的預測。關於小尺度的效應，例如太陽造成空

間凹陷，使行經附近的星光轉彎，這部分的說法還可以保留。但是關於較大尺度的效應（亦即塑造整個宇宙的那些效應），這部分的說法必須修改。因此，1917年2月，愛因斯坦在柏林普魯士科學院演講時宣稱，「事實上，我得出的結論是，我先前提出的重力方程式需要進行修正，以避免這些根本上的問題。」

導入了宇宙常數

他需要修改他那美妙的 $G = T$ 方程式，但該怎麼改？

愛因斯坦左思右想這個問題，想了很久，結果在1917年的演講中，提出他唯一想得到的可能補救辦法。他必須在原方程式中額外加入一項。新加入的這一項，會削減方程式左邊（涉及空間幾何）的一些動力。這就是所謂的宇宙常數，因為它是作用在宇宙層面上的常數，愛因斯坦簡單以希臘字母 Λ 來代表這項新的因子。他的方程式不再是如此美妙、如此對稱的 $G = T$，取而代之的是礙眼的 $G - \Lambda = T$。

愛因斯坦如何算出宇宙常數，箇中細節很微妙，但不妨這麼想：G 代表我們宇宙的幾何，幾何彎曲的程度大到足以使星球崩塌，像大石頭一樣紛紛掉入巨大的坑洞。將那樣的拉力減掉一些，星球就不會崩塌，而是依然維持飄浮，近乎靜止，如同當時幾乎所有天文學家深信的那樣。這就好比是愛因斯坦修改了那個坑洞的深度，讓它沒那麼深，如此一

來，大石頭就不再一股腦兒的栽進去了。這就是加入 Λ 的用處。

這個修改，從一開始就讓他很不情願。「那一項，」愛因斯坦在柏林的講台上提到 Λ，「是必要的，目的只是為了使近似靜態的物質分布成為可能，符合恆星速度很小的實際要求。」天文學家讓他確信，我們看到的所有星球，只會在彼此之間相當緩慢或不規則運動，而他的原始方程式無法導出這種「近似靜態的物質分布」。唯有勉為其難納入這項修改，才能符合觀測證據似乎顯示的現象。

為了使愛因斯坦的方程式與最新的天文發現一致，Λ 或許是必要的，但他覺得多了那一項，「嚴重損害理論的形式之美」。對愛因斯坦而言，簡單與美感是潛在真理的最佳象徵。他不相信，任何神祇或自然力量，會先創造合乎極簡原則的宇宙，然後又畫蛇添足加上這樣的修正。1915年原始的 $G = T$，可說是一種「上帝之手」的觀念，揭開了樂於簡單性的天地萬物真相。它的兩個符號來自宇宙的性質：G 來自空間何以彎曲的本質，T 來自空間裡事物的純粹存在。然而，那個累贅的新 Λ 只是隨便找來的成分，加到式子左邊好讓重力牽引減弱 —— 以上述的想像畫面而言，就是把宇宙的「坑洞」變得比較不陡，好讓星球（想像的那些「大石頭」）不至於紛紛滾入坑洞裡。

以愛因斯坦最愛演奏的弦樂四重奏來比喻：每個音符都有它的地位，每項樂器都有它的角色。沒有人會突然拖著低

音大喇叭走進房間，隨便亂吹一通，破壞音樂的自然流暢。而把直截了當的 $G = T$ 改成笨拙的 $G - \Lambda = T$，就像是這樣。

可是全世界的天文學家說得斬釘截鐵。我們的太陽存在於星球的島嶼，稱為銀河系。他們堅持認為，銀河系並沒有膨脹，銀河系之外只是無窮無盡的黑暗而已。如果愛因斯坦不曾如此深信要對實驗證據有所回應，他或許不會納入這項修正。但在他人生的那個階段，事實絕對很重要，和純粹的直覺一樣重要。既然他1915年方程式的預測，違背了事實似乎顯示的現象，那這個方程式一定是錯的。

錯誤的開始

這是他的第一個嚴重錯誤。

這個錯誤的全面影響，直到多年後才逐漸明朗，但在此同時，愛因斯坦也試圖說服自己，他的原始理論並不是一敗塗地。他需要 Λ 來抵消的效應，只有在極大無比的距離時才變得顯著。它的數值可以設定成非常小，以致在我們太陽系的尺度下，計算依然是準確的，就像是只運用原始的簡單方程式 $G = T$ 來計算一樣。這就是愛丁頓當時驗證的預測為什麼依然有效的原因。

雖說愛丁頓的發現令他感到欣慰，但他那美妙的原始理論似乎根本不正確，這件事讓愛因斯坦無法安心。尤其讓他飽受煎熬的是：宇宙的形成，究竟為什麼會多出那一項？

儘管內心有這些疑慮，但他開始捍衛笨拙的 $G - \Lambda = T$，接受如下的觀念：當初他靈光乍現的完美、極簡的 $G = T$，並不是宇宙運作的方式。他不喜歡這樣的改變，但後來就習慣了。

　　雖然愛丁頓1919年的觀測結果使愛因斯坦聲名大噪，使他有了看似完美的形象，但他的實際生活卻截然不同。全世界都以為，愛因斯坦是心地善良、謙卑的人，過著自在知足的生活。然而他的再婚遠不如當初的期望，他與親愛的孩子也漸行漸遠。

　　全世界也以為，他創造了見解非凡的方程式，簡直快要達到上帝本身的智慧。然而，由於加入了 Λ，愛因斯坦知道那是謊言：若非他尚未企及真理的最深處，就是宇宙根本沒有他渴望信其有的簡單性。

第四篇

天機妙算

愛因斯坦在他最喜歡的帆船上，攝於1920年代的德國。

第 十 二 章

在計算與觀測間心力交瘁

愛因斯坦懷疑 Λ 在他的重力方程式中的必要性，但他並不孤單。俄羅斯數學家弗里德曼（Alexander Friedmann）也有同樣的疑慮。

弗里德曼是大戰退伍軍人，愁眉苦臉的外表（垂垂的山羊鬍、小圓框眼鏡、一副杞人憂天的神情），與他的憂鬱氣質頗為相襯。1914年年底，開戰幾個月之後，弗里德曼寫信給他最喜歡的聖彼得堡大學教授斯泰克洛夫（Vladimir Steklov），信上寫道，「我日子過得還好，除了幾場意外，比方說，有一枚奧地利炸彈在離我不到二十公分處爆炸，碎片掉得我滿頭滿臉。但這一切，久了就習慣了。」不知哪來的樂觀沖昏了頭，弗里德曼竟然決定去受訓當飛行員，因為有人向他擔保「不像以前那麼危險」。斯泰克洛夫回信說，這主意簡直糟透了。

既有的通訊中斷了一陣子，但沒多久，弗里德曼寫信向教授的妻子道謝，因為她為他寄去暖衣，由於他經常在嚴寒的高空中飛行，他發現這些衣服格外有用。他沒有採納教授的建議，但很感謝教授寄了一些有趣的微分方程式給他看，不過他很抱歉，因為匆促寄回的解答不夠嚴謹，他提到以他的處境而言，很難進行適當的檢查。然而，他倒是向教授描述，為了找到炸彈的最佳發射位置，他計算出來的結果準確無比，炸彈最後擊中普熱梅希爾的敵方大要塞，準確度令當地的奧地利及德國居民印象深刻，也把他們嚇壞了。

　　弗里德曼也指出，他受命與德國航空艦隊進行空中戰鬥，他說該艦隊隸屬「具有優秀組織與精良裝備」的軍隊，相較之下，「我們什麼都沒有」。有一回，一架德國飛機用新式快速射擊機槍掃射弗里德曼。他唯一的防禦武器是老舊的卡賓槍，這種槍必須先舉高、伸直手臂，才能砰一聲、發射一顆子彈。（「我們飛機之間的距離非常小……令人心驚膽顫，」他寫道。）達成使命後，他因英勇作戰，獲頒聖喬治十字勳章。

　　弗里德曼在戰爭中大難不死，而且捱過了俄羅斯的革命、反革命、反反革命，更別提還有貧窮、糧食燃料短缺、瘟疫等等困境，他在1920年左右才接觸到愛因斯坦的論文。那時弗里德曼在鐵路工程學院教書，還在地球物理觀測站兼差，所在城市本來稱為聖彼得堡，當時剛改名為彼得格勒。他很快就看出，相對論的論文有瑕疵。但遠在俄羅斯的

他，該如何說服偉大的德國教授相信他的疑慮？

　　早在1917年，愛因斯坦發現他的G＝T方程式可能預測宇宙的規模正在改變，就已經加上了宇宙常數項 Λ 來修正。弗里德曼在1922年則是發現，愛因斯坦的原始方程式（原汁原味的G＝T，不加上任何項），會包含成千上萬種，事實上是千百萬種有趣的宇宙情境。

　　他開始加以探索。

宇宙的輪迴

　　根據愛因斯坦的原始方程式G＝T，弗里德曼得出結論：空間和空間裡的「事物」可能隨時間改變，各式各樣的可能性多得驚人。在他揭露的某些情境下，宇宙會逐漸變大，像是永遠都在膨脹的球體。然而也有某些情境，則是宇宙的體積只會膨脹到有限的規模，然後便開始塌縮，彷彿裡頭的東西正從某種安全閥洩出去 —— 這些情境，全都包含在原始方程式的數學運算裡。在這樣的宇宙中，人類或其他智慧生物創造的一切，都會慘遭湮滅。

　　還有其他的情境：宇宙塌縮並非最後結局，而是塌縮到一個點之後，又開始反彈出來。先前文明建立的一切，都會徹底粉碎，但原始物質依然存在，可以重新開始。弗里德曼做了一些粗略的計算：他發現，這些「脈動」可能周而復始，週期大約是100億年。

人類並非是頭一次想像如此一連串的死亡與重生。如同弗里德曼所寫的，這「讓我想起印度神話提到的輪迴」，這個宗教信仰提到：宇宙已多次被創造、摧毀、重新創造。他補充說，他的數學解法當然只能算是推測，還沒有天文方面的已知事實支持他的想法。

出人意料的反應

在友人的支持下，他把自己的研究成果寫成簡短的論文，請他們那裡最好的語言學家修改他的德文之後（他的德文和愛因斯坦的法文半斤八兩），大膽將論文寄到世界上最負盛名的《物理學期刊》（*Zeitschrift für Physik*）。該期刊很快便在1922年接受這篇論文。他以為愛因斯坦會喜歡這篇論文，因為他指出，1915年的原始方程式（簡單的 G ＝ T，沒有 Λ 攪局）包含這些驚人的結果。如果愛因斯坦真的喜歡，他就終於可以擺脫新的那一項了。

令弗里德曼與友人震驚的是，當他們那年年底好不容易拿到下一期的《物理學期刊》時（這在革命後的俄羅斯可不容易），他們竟然看到愛因斯坦提出的反駁！俄羅斯人的發現，令人無法接受，愛因斯坦寫道。這也不純粹是偏見。愛因斯坦仔細看過弗里德曼的計算，發現其中有錯。「〔弗里德曼的〕研究包含……結論，」愛因斯坦發表的信中宣稱，「在我看來有疑慮。實際上，其中提供的解法並不滿足

〔我的〕方程式。」

弗里德曼萬分沮喪。那樣的評論，簡直是斷了他進一步的學術發展。偉大的愛因斯坦怎能如此對待他？寫信去期刊抗議恐怕太過放肆，退而求其次，弗里德曼和友人決定寫信寄到愛因斯坦在柏林的地址，這樣比較得體。弗里德曼的破德文無疑又得請人幫忙，他花了好大一番工夫，終於把信寄出去了。

弗里德曼寫給愛因斯坦的信很客氣，但也很明確：「容我向您介紹我所做的計算……若您發現，我在信中提出的計算正確，請務必告知《物理學期刊》編輯。在這種情況下，〔或許〕您將針對您的說法，發表更正聲明。」

沒有回音 —— 但並非由於弗里德曼擔心的原因。

1922年稍早，猶太裔的德國外交部長拉特瑙（Walter Rathenau）遭人暗殺，全國各地的保守派都幸災樂禍，愛因斯坦意識到，知名猶太人士開始受到嚴重威脅。已經有人組成「德國科學家維護純科學工作小組」來反對愛因斯坦的觀念。他們在柏林愛樂廳舉行成立大會，走廊上展示納粹黨徽，大廳還出售反猶太宣傳冊。那些討厭愛因斯坦的人，多半不學無術，與學術扯得上一點關係的人寥寥無幾。「科學曾是我們最大的驕傲，如今卻得聽希伯來人說教！」考不上美術學校的油漆工希特勒這樣抗議。

為了等局勢穩定下來，愛因斯坦接受長期以來的邀約，搭乘輪船進行一趟長途旅行。等到弗里德曼的信寄達時，他

弗里德曼，1920 年代初。

「容我向您介紹我所做的計算，」他寫信給愛因斯坦，

此時他並不知道，他的提議會導致什麼樣的後果。

早已離開法國馬賽，前往日本，他在那裡寫信給兒子，「遇到的所有人當中，我最喜歡日本人……他們謙虛、聰明、體貼、有藝術感。」弗里德曼的信並沒有被轉寄給他。即便愛因斯坦隔年回到柏林，他也沒有回信。

　　愛因斯坦未能回覆，一半是因為他獲頒諾貝爾獎之後，開始收到大量信件。來信多得不得了，以致他之前的「咆哮郵差」惡夢根本不算什麼。但還有別的原因——唯有名氣

加上傲氣才能解釋的原因。

1917年，愛因斯坦最初在他的$G = T$方程式中加入Λ項時，他認為自己做的事情是錯的。造物主不可能先創造近乎絕對簡單的宇宙，數學上用兩個項（G和T），就能輕而易舉解釋宇宙整體架構的一切，然後又發現，這樣差太多了，只好隨便加上一個常數項，才使創造宇宙的法則行得通。

儘管有不祥之感，但愛因斯坦還是重新調整方程式，結果現在進退兩難。他的名聲岌岌可危，因為所有物理學家都知道他的修正方程式。他的傲氣也在作祟。經過一番深思，反正這件事他已經做了。他不能輕易承認自己的軟弱——以及錯誤。

這就是他為何這麼快就對弗里德曼的論文吹毛求疵的原因。一旦他找到缺點（或自以為已經找到），他就沒興趣再回到這個話題了。

不過，1923年5月，弗里德曼的同事古魯科夫（Yuri Krutkov）透過愛因斯坦一位曾在俄羅斯教書的同僑，設法在荷蘭追查到愛因斯坦的行蹤。古魯科夫與愛因斯坦當面對質，彬彬有禮卻也很堅決，後來他自豪的告訴他妹妹接下來發生的事情。他說，5月7日星期一，他和愛因斯坦一起閱讀弗里德曼在《物理學期刊》上的論文。隨後，5月18日「五點鐘……關於弗里德曼的爭論，我擊敗愛因斯坦，挽回了彼得格勒的顏面！」

愛因斯坦很有風度，仔細回顧俄羅斯人的研究後，他承認自己當時反應過度：事實上，弗里德曼在數學上沒有犯任何錯誤。他寫信給期刊編輯予以更正：「我之前曾撰文批評〔弗里德曼的研究『論空間曲率』〕。然而，我的批評……是基於我計算上的錯誤。」

撤銷聲明令人印象深刻，但難免有點草率。儘管如此，遠在俄羅斯的弗里德曼知道，如果他提出的新情境想要受到重視，就必須讓愛因斯坦徹底站在他這邊。但該怎麼做呢？唯一的辦法，就是給愛因斯坦更多的證據。雖然還沒有任何天文證據可以證實他的主張，但或許還有別的辦法。

百折不撓的俄國人

弗里德曼絞盡腦汁，思考如何說服愛因斯坦，加上 Λ 項是沒有必要的，他用的方法則是「想像力解題法」，在他的德國同儕看來，這應該很眼熟。具體來說，是再度請出平面國的小人物：住在平面上的人，無法退一步來看他們的整個世界。但他們可以在那個世界裡做各種不同的計算或旅行，這樣他們就能獲得必要的資訊。

弗里德曼想像：假設那個平面世界裡的研究中心之一，派遣旅行者去調查他們的宇宙到底長什麼樣子，會發生什麼事？他把旅行者想像成一枚小郵票。弗里德曼寫道，假設旅行者維持走直線，朝一個方向前進，他會看到沿途經過的

景觀。旅行者向前移動時，景觀顯然也會改變。他會看到其他景觀、其他城市。但之後他的周遭會開始看起來愈來愈熟悉，最後他會發現，自己回到了家鄉——但到達的終點，卻是他當初出發點的另一側！

弗里德曼指出：「回到出發點時，旅行者透過觀察，發現他到達的終點與當初的出發點完全吻合。」這樣他就能證明，他居住的球體（或「宇宙」），實際上是有限的。然而，假如旅行者始終沒有發現城市又變得熟悉，他就會知道，自己的世界並沒有彎回來。這就是證據，證明他的宇宙並不是球體。

正如平面國，以及我們想像中的芬蘭滑冰者，弗里德曼是在比喻比我們本身大得多的三維宇宙。假設我們可以派遣使者去測量宇宙（有朝一日，利用先進的探測太空船，或利用如今的望遠鏡），我們就能利用那些測量結果來推斷宇宙的真實面目。這有助於確認，弗里德曼發現的種種情境（符合愛因斯坦的簡單方程式 $G = T$），其中哪些情境描述的是我們的世界，哪些不是。

雖然我們無法實現弗里德曼想像中的漫長旅行，但假如我們的宇宙果真是平的，則在太陽系測量龐大的矩形，其四個內角測量出來就會是直角。假如宇宙如球體般彎曲（用我們的肉眼當然看不出來，甚至用我們有限的頭腦也想像不出來），龐大的矩形測量出來就不會是平的，而是內角會展開至比90度稍微大一點。隨著曲率增加或減少，這些角度也

會跟著改變。

　　弗里德曼知道自己體弱多病，即使熬過了1920年代初的俄羅斯，這對他的鬱鬱寡歡也沒什麼幫助。不過，他終究倖免於奧地利要塞上空的轟炸，以及與德國空軍的空戰。他很有意志力，同時他也相信，他和愛因斯坦的觀點一致。畢竟這位德國物理學家為了理解廣大的空間，曾經提到小規模的局部測量。如果弗里德曼有辦法穿越歐洲大陸，當面見到這位偉大人物，或許他們可以（一起）更進一步。

　　於是1923年夏天，弗里德曼決定仿效他想像中的迷你旅行者，隻身前往柏林。假使他見到愛因斯坦教授本人，或許他能讓愛因斯坦回心轉意，再次相信1915年的原始方程式。

　　就旅行的時機而言，1923年還不算太糟，不像當年弗勞德里希率領天文觀測隊去克里米亞，卻碰上第一次世界大戰暴發那麼慘，但也好不到哪裡去。威瑪共和時期的德國已經開始通貨膨脹。「貨幣失控，簡直快瘋了，」弗里德曼在家書上寫道。還不到一星期，一美元竟然從價值一百萬馬克，飆漲到四百萬馬克。貧窮加上糧食短缺，不過程度還比不上俄羅斯人的遭遇。就連德國的景色似乎也在告訴弗里德曼，他離家有多遠，尤其令他傻眼的是，他看到德國森林排列得那麼整齊，森林裡所有的樹木，似乎都種植成直線。有一張弗里德曼這段時期的照片：神情沮喪，山羊鬍一如既往，穿著他最體面的雙排扣外套，頭上頂著像是貝雷帽的奇怪帽

子；左臂夾著一堆亂七八糟的文件；右手笨拙的抓著襯衫，擺出拿破崙般的姿勢，彷彿不太清楚手該怎麼擺；還試著擠出笑容。

緣慳一面

他果真到了柏林，甚至到了愛因斯坦住的那條街……但接下來：「8月19日：我的旅程不太順利 —— 愛因斯坦……離開柏林去渡假。我想我見不到他了。」兩星期後，他又寫信給友人，說他還是希望能見到愛因斯坦。可惜事與願違。不過，在他這趟德國之旅快結束時，就在動身回俄羅斯之前，至少弗里德曼拜訪了另一個人，這個人很瞭解「人生不如意十之八九」。1923年9月13日，弗里德曼特地前往波茨坦天文台會見弗勞德里希。兩人一見如故，分享彼此對於宇宙結構的看法。「大家都對我和愛因斯坦的論戰，以及我最後的勝利印象深刻。這讓我很高興。」

愛因斯坦離家並不遠，說不定是待在柏林郊外的鄉間別墅。但就算弗勞德里希告訴他弗里德曼來了，他可能也不會專程趕回柏林。對於1917年提出的「修正」，他已經投入了太多心血。事實上，現在他幾乎說服了自己。畢竟，造物主（或即便是物理定律）怎麼會建立如此嚴重破壞平衡的宇宙？因為假如弗里德曼是對的，愛因斯坦的原始方程式果真顯示，宇宙正在膨脹，燃燒殆盡的恆星與死氣沉沉的行星就

會愈離愈遠，到最後只剩下一片孤寂。這真是可怕到無法想像：人類的一切努力，竟然就這樣消失無蹤。另一方面，假如弗里德曼提出的另一種情境成立，愛因斯坦的原始方程式顯示，我們的宇宙正在塌縮，則有朝一日，隨著滿天星辰紛紛朝向我們墜落，夜空將會亮到非常可怕的地步。這也太令人不忍相信了。

在打好字準備寄給《物理學期刊》的撤銷聲明原稿中，愛因斯坦寫道，儘管弗里德曼在數學上是正確的，但他描述的解法，絕大部分「很難歸結出物理意義。」後來他想到了更好的措辭，於是把這句話刪掉了。但他希望弗里德曼是錯的。

這樣的困惑令愛因斯坦心力交瘁。最好是找到明確的證據，確認他的原始方程式預測的空間彎曲，到底會不會變成弗里德曼宣稱的那樣，他才能徹底解脫。但那需要測量最遙遠的太空，看看那裡的恆星究竟是加速遠離、固定不動，還是朝著我們墜落。測量那麼遠的物體似乎是不可能的。恆星或許是龐大至極的火爐，但在地球上看起來，遠在天邊的它們，只不過是微小的光點，看不出任何形式的運動。

要是有人可以想辦法確認，離地球那麼遠的恆星到底是怎麼回事，那該有多好。

麥哲倫星雲

　　義大利探險家皮加費塔（Antonio Pigafetta）在日記裡
回想自己決定闖蕩未知的那一刻：

　　「主後1519年，身在西班牙國王陛下的宮廷裡⋯⋯我慎
重考慮⋯⋯去親眼見識海洋的偉大與可怕之處。」

　　皮加費塔的決定，導致他1519年與麥哲倫的航行，他
們率領船隊，打算前往東亞的香料群島，行經一條史無前例
的路線：向西橫渡大西洋，再想辦法繞過或穿過美洲大陸，
進入想像中存在的新海域。如果一切順利，他們將環繞地球
一周，完成人類前所未有的創舉。

　　某種程度上，這算是一次成功的探險，因為皮加費塔
出發後，過了將近三年，他確實平安返回西班牙。但原先的
240名船員，只有18位倖存，他是其中之一，這和當初探險
隊與資助者設定「一個都不能少」的目標差太多了。

　　至少，航行一開始很順利。麥哲倫的船員在南美洲沿岸
看到不少奇景，例如：在歐洲絕對想像不到的新人種；魚會
躍出水面（「牠們飛得比十字弓射得還遠」），卻有虎視眈眈
的掠食者跟蹤牠們的影子，等牠們一落回水裡便抓來吃掉，

「這真是令人大開眼界，」皮加費塔寫道。

　　但後來開始遇到狂風暴雨，過了不知道多久，皮加費塔終於在日記裡寫下眾人期待已久的一頁：「星期三，1520年11月28日，我們通過上述的海峽〔位於南美洲最南端〕，進入風平浪靜的海域」。

　　起初似乎前景一片大好，因為他們遇到遼闊平靜的水域。但是風平浪靜之後，還是浪靜風平，絲毫不見陸地的蹤影（「我們在開放海域整整航行了一萬八千公里」），大家開始飢不擇食。「我們吃乾掉的鬆餅碎屑，上面還長滿了蛆蟲，」皮加費塔寫道。「……我們也吃船帆底下的牛皮；還有鋸木屑和鼠肉。」

　　在一般情況下，水手會利用星星來尋找方向，但是在南半球，很少有熟悉的星座可以導航，當然更沒有指引方向的北極星。仰望陌生的夜空，水手發現「隱約可見……兩團雲彼此相隔不遠，微微發亮。」這些發亮的雲團，產生「差強人意」的光芒。

　　那是不是來自上帝的禮物？無論原因何在，這兩團神祕的發光雲，一直維持在同樣的相對位置，夜復一夜，最終導引倖存的船員找到回家的路。麥哲倫本人沒這麼幸運（他在菲律賓外海的浪濤中，慘遭當地人殺害），但後來為了紀念他，這些在夜空中發光的燈塔，便稱為大麥哲倫雲與小麥哲倫雲。

　　四百年後，由於俄羅斯數學家弗里德曼的提議，愛因斯

坦將利用這兩團雲來解決難題：究竟要不要改回他的原始方程式？但若非另一派先驅深入探索麥哲倫雲，將它們的奧祕疏理出一些頭緒，這道難題是不可能解開的。

　　1890年代，在哈佛大學著名的天文台，樓上房間裡有好幾排「計算機」（computer），在分析拍攝夜空的大型照相底片（玻璃感光片）。這裡所指的computer不是電子設備，而是在天文台二樓木桌前排排坐的年輕婦女。她們的工作是測量感光片上的細節，並將她們的發現整整齊齊製成表格。

　　天文台台長皮克林（Edward Pickering）對這些「計算員」頗為自豪，他幾乎把她們看成是機器：「藉由雇用無一技之長因而廉價的勞工，可達成大大的節約，這當然是在細心的監督之下。」為了免除後患，他堅持認為，這些婦女（有些是美國最早的大學女畢業生）不得接受任何數學訓練，以免誘使她們去搶男性天文學家的飯碗。他付給她們的薪水也很少，每小時只有25美分，當時棉花廠工人都能拿到15美分。他的同事很看不起人，竟然將天文工作的複雜度，用「姑娘小時」（girl-hours）的字眼來形容，如果工作涉及大量的製表，還說成「千姑娘小時」（kilo-girl-hours）。

不過，會讓你自慚形穢的有兩個人：一個是汙辱你的人，一個是你自己，假如你接受汙辱的話。少數婦女接受了這些男人對她們的看法，從她們編的小曲可見一斑，小曲的旋律借自吉爾伯特與蘇利文（Gilbert and Sullivan）的輕歌劇《皮納福號軍艦》（H. M. S. Pinafore），當中的〈我們在藍色大海中航行〉（We Sail the Ocean Blue）：

> 我們從早上工作到夜晚
> 計算是我們的任務
> 我們忠心又有禮貌
> 我們的記錄簿美得冒泡！

受皮克林監管的計算員當中，勒維特（Henrietta Swan Leavitt）是最不屈不撓的一位。老闆管東管西，卻管不了她。

皮克林雇用的婦女本不該太有學問，但勒維特念過歐柏林大學（Oberlin College）的音樂學院和拉德克利夫學院（Radcliffe College，當時稱為女子大學教育協會），微積分和解析幾何的成績都是優等。皮克林指派給她的枯燥製表工作，她絕對有能力執行。然而她對自己的工作一點也不滿意，她的好奇心惹毛了皮克林——後來更改變了愛因斯坦的命運。

每當細心包裝的木箱從遙遠的阿雷基帕（位於祕魯的安

地斯山脈）寄達哈佛天文台時，勒維特就會特別興奮。哈佛大學的24英寸大型照相望遠鏡設置在阿雷基帕，堪稱是世界上最強大的天文儀器。

皮克林起初派親弟弟去阿雷基帕操作望遠鏡，但在他開始寄回有關火星上的巨河、巨湖的報告之後（用望遠鏡觀測的人，誰也沒看過那些東西），皮克林派了另一位男同事去取代他。那個地區很危險，阿雷基帕有「雜種人」（美國遊客說的，充滿當時典型的帝國主義心態），而且不遠處的亞馬遜地區有野蠻土著，2,400公尺的海拔高度更是令人吃不消。再說，這工作挺複雜的。婦道人家根本不可能去阿雷基帕，更不用說去操作望遠鏡了，想都不用想。

不過，在波士頓這頭，勒維特發現，從阿雷基帕寄回來的感光片不太尋常，尤其是透露發光雲團細節的感光片，在皮加費塔與麥哲倫的航行途中，那些雲團曾為他們指引方向。太陽的照射相當平均，亮度日復一日大致相同，我們對此習以為常。但那是因為，太陽的燃料層燃燒相當均勻。某些恆星則很不一樣，它們的燃燒極不均勻。如同沸騰中的鍋子，恆星深層的壓力漸增，使得「鍋蓋」（恆星表層，由撞碎原子組成）爆開，發出格外明亮的光。這在某種程度上會釋放壓力，從而使表層穩定下來，然後溫度需要幾個小時、甚至幾天的時間回升，亮度又會再次突然變亮。

在小麥哲倫雲當中，勒維特看到大量以此方式燃燒的恆星。她在比較相隔數日或數星期的感光片時，發現了它們。

勒維特，約於1890年代初。

這些獨特的恆星，不是像太陽那樣發出穩定的光芒，它們有一段時間很亮，然後黯淡下來，過了幾天或幾個星期，又會再度閃閃發亮。這種亮度規律脈動的恆星，早在勒維特開始研究之前就發現了，最初是在仙王座發現的，稱為造父變星。

如果事實證明，這些造父變星只是任意變來變去的話，勒維特的發現，只能算是不太重要的外太空奇景。但她開始追根究柢。每當她提出申請，要求更多的小麥哲倫雲照片（當然是由皮克林轉達，因為他不許別人聯絡安地斯山脈當

地的主管），寄回來的照片總是顯現密密麻麻的恆星，放大倍率愈高，恆星就顯得愈多。據她推測，那些雲並非在地球附近，是離我們非常遙遠的一大團恆星。

那團恆星究竟有多遠？在勒維特之前，沒有人知道該用什麼樣的尺度來丈量宇宙的最遠處。這個問題是可以理解的：想想看，在夜晚一片漆黑的草地上，很難辨認出手電筒發出的短暫亮光，到底距離多遠？中等亮度的光，可能是從遙遠的強力手電筒發出的——但也有可能是從更近的微弱手電筒發出的。勒維特的偉大發現在於：觀測恆星時的這一大挑戰，事實上有可能克服。

在波士頓郊外的紅磚建築裡，勒維特俯身於感光片上仔細檢視，她發現可以把造父變星排序，就像將不同類型的手電筒排序一樣。想像一下，小麥哲倫雲離我們非常遠，像是很遠的一片草地。雲裡的造父變星，就像是人們各自拿著手電筒，分散開來站在草地上。從我們有利的觀察點來看，那些手電筒的距離，可視為大致相同。

勒維特注意到，有的造父變星脈動緩慢，週期為十天。有的脈動較快速，週期為三天。最重要的是，在來自阿雷基帕的照片中，脈動緩慢的造父變星顯得明亮許多。由於她假設它們與地球之間的距離都差不多，這代表脈動緩慢者（週期較長），必定比脈動快速者（週期較短）發出更強的光。用我們遙遠草地上的手電筒來比喻，如果一閃一滅脈動較緩慢的手電筒，看起來比其他手電筒更亮，我們可以假設，它

們確實比較亮。

　　這樣還不夠，我們還是不知道草地的實際距離。但假使我們設法拿到其中一具手電筒（比方脈動緩慢的），發現它發出的光是2瓦特。當我們晚上看著遠方的草地，看到有一具手電筒的脈動正好也同樣緩慢時，我們便知道，它的內在動力也是2瓦特。我們可以根據它看起來有多亮或多暗，估算出它的距離有多遠。

　　造父變星也是用同樣的道理來測量。幸運的是，天文學家有辦法測量某顆離地球很近的造父變星，已知它的距離，也測出它實際發出的光有多強。這讓勒維特設計出她的丈量標尺。假設新發現的造父變星以7天的週期脈動，則在遙遠的麥哲倫雲裡，以同樣週期脈動的造父變星，必然具有相同的內在動力。根據那顆遙遠的造父變星看起來有多亮或多暗，和近的那顆比較一下，便可算出麥哲倫雲實際上離地球有多遠。

　　勒維特想得出這個方法，實在是太厲害了。當時她正在研究的一顆恆星顯得特別模糊，她開玩笑跟同事說，「我們永遠搞不懂它，除非我們想辦法撒網子上去，把那傢伙抓下來！」然而勒維特也知道，她不應該做這項研究。如同一位計算員同事在私人筆記上寫的，「假如我們可以繼續原來的工作，檢視新恆星，研究它們的特性與變化，生活就會是最美好的夢。但我們必須把最有趣的事情全擺在一邊。」

　　不過，勒維特倒是很會想法子避開這些阻礙。有一回，

她向皮克林解釋說,她必須離開麻州一段時間,去威斯康辛州她父親的農場,但如果他能把她的個人筆記本統統寄過去,讓她可以繼續幫忙,她會感激不盡。實際上她到底在做什麼,他當然沒必要知道。

1906年(當時愛因斯坦跟米列娃依然婚姻美滿,依然在專利局努力尋找出路),勒維特把她的主要發現寫成論文,題目為〈麥哲倫雲中的1,777顆變星〉。她在文中解釋,探究麥哲倫雲如何讓她創造出測量宇宙的標尺 —— 她找到的造父變星如何規律振盪,以及振盪週期與它們的實際亮度有何關連。

這是很了不起的成就,皮克林卻很生氣。勒維特是下屬、計算員、區區一介女流。他企圖把她的部分研究成果冠上自己的名字,在論文或會議上發表,但消息傳開了。一位普林斯頓天文學家對這件事印象深刻,據他描述,「勒維特小姐真是變星『高手』。〔她〕那一大串新發現,誰也跟不上。」

皮克林忍不下這口氣,竟將勒維特調離她的工作,叫她最好徹底忘掉麥哲倫雲裡這些所謂變星的研究。北極星附近的恆星坐標,有一套詳細的編號系統,他要求她開始製表。其他天文學家都認為,這項工作其實不太重要,但皮克林

是拘泥小節的人，他覺得有了這些清單，自己就可以一舉成名。

　　勒維特一再嘗試回頭做她喜歡的研究，1912年（這一年，愛因斯坦開始與格羅斯曼合作，研究他的重力理論數學部分），她成功發表一篇論文，詳細說明如何利用她發現的造父變星來測量外太空的真實距離。那次抗命之後，皮克林對勒維特的打擊更是毫不留情。他下令，安地斯山脈寄來的最新感光片，再也不准交給她──只要涉及那些該死的麥哲倫雲，一律不准。

　　勒維特在1921年過世，從未去過她夢寐以求的天文台。不過一年後，她的一位計算員同事特地為她走了一趟。皮克林已經不是波士頓哈佛天文台的台長，規定稍微放寬了。

　　勒維特的好友搭乘輪船到南美洲，坐火車和馬車繼續深入內陸，終於到達通往阿雷基帕的山谷頂端。「遠處，」一位同時代的人寫道，這座以白色火山軟岩建成的城市，彷彿「是一座大理石之城。」東北方可以看到巨大的埃爾米斯蒂火山錐高聳入雲，高度將近6,000公尺；東方可以看到皮丘皮丘（Pichu–Pichu）火山。空氣很稀薄，但這女子還得走更遠，因為天文台位在城市的高處。當她抵達天文台，置身於安地斯山脈清澈透明的高空時，所在的海拔高度超過2,400公尺。

　　夕陽西沉。涼爽的夜晚降臨，滿天晶瑩剔透的星光開

始閃現。後來，勒維特的好友拿出日記寫道，「（大）麥
哲倫雲如此燦爛，總使我想起可憐的勒維特。她好愛那些
『雲』。」

第 十 三 章

天文學家的證實

　　1923年的秋天過完，愛因斯坦陷入了疑雲迷霧中。這都是弗里德曼引起的，因為他的論文出人意表，認為原始方程式G＝T的最初想法才是對的，整個宇宙的曲率可能不斷在改變。在無窮無盡的膨脹過程中，團團恆星與行星終將漸行漸遠。或是情況反過來，曲率彎曲程度可能極為不同，結果證實古印度神話竟然是真的，整個宇宙注定反覆收縮、膨脹，循環不已，彷彿我們以某種方式給關在無形的球體裡，放氣又充氣、充氣又放氣，永不休止。

　　愛因斯坦設法甩開部分陰霾，假裝弗里德曼的發現只是數學上有這種可能性而已，並沒有真正的物理意義，這樣起碼在心理上好過一點。但是後來，在弗里德曼的柏林未竟之旅過了四年、勒維特的同事成功到達阿雷基帕山區過了五年之後，暫時的緩解結束了。

1927年，愛因斯坦二度參加布魯塞爾會議，當年他首度參加時，只是一個住在布拉格的年輕人。如今他是英雄人物，關於他的重力方程式，任何遲遲未解的疑慮暫且擱在一邊（或至少試圖如此），這樣他才能專注於其他研究。不過會議開幕沒多久，有一天一位三十多歲、誠懇、壯碩的比利時男子走過來對愛因斯坦說，他可以用數學式子證明宇宙正在膨脹。

　　物理學教授經常受怪咖打擾，連那些地位不如愛因斯坦的也是一樣，對愛因斯坦來說，這種事情一天到晚都在發生。他早就學會堅定有禮的立即打發他們，而且眼下他在布魯塞爾更需要如此，因為他的重點是在新的研究領域上。但是這男子可沒那麼容易打發。

鍥而不捨的神父

　　攔下愛因斯坦的人，不僅是會議的正式受邀來賓（這說明他做過的物理學研究起碼有研究生水準），而且身穿筆挺的白領襯衫與黑色毛料西裝，這代表他是天主教神父。事實上，他是耶穌會會士，耶穌會是天主教會的一部分，儘管是效忠教皇的死忠派，但幾百年來在天文學方面一直很活躍。

　　愛因斯坦姑且聽聽這位矮矮胖胖的勒梅特（George Lemaître）神父開始解釋。他在比利時期刊上發表過論文 —— 說不定教授聽說過？論文中仔細探討愛因斯坦理論

的後果，嘗試代入各種 Λ 值。當 Λ 設為0時，會產生最有趣的結果，這樣方程式就會回到純粹的原始形式G＝T。

　　幾十年後回想那次碰面，勒梅特說，愛因斯坦給了幾句美言，認為他的數學方法細節似乎很巧妙。但這些話，只是比「名人試圖結束交談的客套話」還好一點而已，愛因斯坦很快就要這麼做了。勒梅特話還沒說完，愛因斯坦便打住他。「你的計算可能正確，」愛因斯坦告訴他，「但你的物理見解令人無法接受。」話一說完，愛因斯坦轉身找計程車，載他去著名氣球飛行家皮卡爾德（Auguste Piccard）的實驗室，他早就安排好要去拜訪他。

愛因斯坦與勒梅特，1930年左右。

大部分的人會認為，那就是交談的結尾了。但是和幾乎所有同齡的歐洲人一樣，勒梅特也是大戰的倖存者，而且他挖過戰壕、當過機槍手，最後當上炮兵軍官。在他看來，世界上最有名的科學家轉頭就走，又當著他的面準備關上計程車門，諸如此類的事情算是機會，不算是拒絕。這位耶穌會會士趕緊跳進計程車，往愛因斯坦身旁一坐 —— 教授願不願意聽聽看，他對那樣的批評指教有何看法？

　　不管教授願不願意，行駛中的計程車裡根本無處可逃。勒梅特解釋說，他在論文裡提出詳細的實驗證據，證明他的結論是對的 —— 喔，對了，如果愛因斯坦曾訂閱可貴的《布魯塞爾科學協會年刊》（*Annales de la Societe scientifique de Bruxelles*），想必這一切他都知道了。

　　這消息頗令人不安，突然間，勒梅特讓愛因斯坦豎起了耳朵。他以前有辦法打發弗里德曼，聲稱沒沒無聞的俄羅斯人的計算，只是一些數學花招，沒有天文事實加以佐證。現在卻又冒出另一位科學專業人士，告訴他有宇宙膨脹的合理證據。

　　勒梅特的解釋不得不匆促，因為皮卡爾德的實驗室並不是太遠。他談到，他最近在美國哈佛大學和麻省理工學院念研究所，在那裡學到很了不起的東西，和一種稱為造父變星的恆星有關。他解釋說，他不知道最早研究這些恆星的人是誰，但是這些恆星的亮度會有增有減，從而提供明確的訊息，指出遙遠的太空到底是怎麼回事。那項研究似乎顯示，

遙遠的星團正在加速遠去 —— 證據零零碎碎的，但是，教授應該看得出這有多重要吧。

愛因斯坦並沒有失態，但勒梅特感覺他有點失神。「他似乎對那些天文事實一無所知，」勒梅特後來回憶。計程車停下來；愛因斯坦下車走了。勒梅特不知道，自己的訊息有沒有成功傳達。

有也沒用。五年前，1922年，愛因斯坦曾反駁弗里德曼的論文，說他的研究只是數學而已。現在，1927年，勒梅特更進一步，說他有數據，可以支持宇宙膨脹的觀念，那正是愛因斯坦先前要求弗里德曼提出的，但愛因斯坦也不以為然，認為物理上無法接受。愛因斯坦知道，勒梅特對自己解釋的東西並不是完全清楚，於是一副愛聽不聽的樣子，彷彿勒梅特提到的研究發現並不完整，而且那又不是最有名的天文學家說的，根本不用理會。

這顯然有別的原因。哈佛大學一項著名的社會心理學實驗指出，原因可能是這麼回事。研究主持人當時找來一群學生，很快的給他們看一連串的撲克牌。不過實驗者把撲克牌的花色對調，所以紅心和方塊變成黑色，黑桃和黑梅變成紅色。

這是一種「認知」研究。假如撲克牌翻得慢，學生很容易看出哪裡不對勁。假如撲克牌翻得非常快、快到分辨不出任何細節，學生看不出任何地方出錯，而且感到很自在。但是假如撲克牌翻得不快也不慢，也就是說，受試者剛好來得

及看到牌、但來不及看清楚，結果便截然不同。有很多人覺得很不舒服。有人抱怨說頭很暈、突然很疲倦，有人說不知道為什麼，就是很想跑出去。他們希望停止實驗。

這正是愛因斯坦聽說弗里德曼的研究，現在又聽說勒梅特更詳細的進展之後的情況。他們的想法在挑釁他。他還不太清楚所有的細節，但他感受到背後的事實真相：有什麼地方出差錯了。他希望那樣的感覺快點結束。

傳奇哈伯

愛因斯坦的難題不會那麼容易就解決。他百般不願面對它，而且他對「G＝T方程式加入 Λ 項」投注了太多心血。需要有個比不知名的比利時神父或俄羅斯數學家更有權威的人，才能打動他。而在1927年全世界的天文學界中，最有權威、比幾乎所有人都出名的人，正是著名的加州威爾遜山天文台的台長哈伯（Edwin Powell Hubble）。

哈伯是男人中的男人，據說他年輕時是非常厲害的拳擊手，以致芝加哥大學的推廣員曾探聽他的口風，問他願不願意挑戰世界重量級拳王強森（Jack Johnson）。哈伯拒絕了他們，後來入伍成為作戰官，大戰快結束時，他在法國參加過幾場最轟轟烈烈的戰役。

哈伯不太喜歡談到戰爭，但偶爾在深夜，他會向充滿敬畏的研究生坦承，「最痛苦的事情是看到受傷的人倒下，卻

還是得繼續前進，沒有停下來幫他們。」他還提到曾被炮彈碎片擊中（這可以解釋，他右手肘的傷是怎麼來的），甚至提到被困在隨風飄搖的觀測氣球上：當然是嚇得半死，然而不知哪來的勇氣（對他來說，這簡直是家常便飯），他還是繼續觀測底下的戰場，繪製敵人的位置圖。

這些豐功偉業，聽起來很不得了 —— 可是一點也不正確。隨便舉個例子，雖然哈伯高大結實，但他在芝加哥大學時，只打過一學期的拳擊，該校是優秀的學術機構，但並不是以學生兇悍著稱的那種學校。推廣員根本不可能考慮找沒什麼經驗的學生，去跟世界重量級拳王一決高下。

哈伯的從軍經歷也不像他描述的那樣。他受徵召入伍，但他的單位從來沒打過仗。他的退伍紀錄有戰役、勳章、受傷三個項目，每一項後面都工工整整寫著「無」字。他手肘的傷，說不定是在肯塔基州短暫教高中那陣子，打壘球時打到的。

哈伯自吹自擂的好處是，為了真正的成就，像「白日夢冒險王」中的主角米堤一樣愛做白日夢，可能是很棒的推動力。哈伯真的在研究天文學，而且希望成為天文學專家。最後，他果然當上威爾遜山天文台的台長。前任台長向來善於找有錢的金主募款，其中包括名為虎克（John D. Hooker）的企業家，而今在崎嶇不平的山上，安置著世界上功能最強大的望遠鏡，也包括龐大的100英寸虎克望遠鏡。它非常非常重，光滑鐵樑與衡重（為了讓它保持在正確位置），使

它的圓弧罩頂內側看起來彷彿1927年德國導演佛列茲‧朗（Fritz Lang）未來概念電影「大都會」中的場景。

　　受到競爭對手的刺激，哈伯更想功成名就了，這對手有個令人難堪的習慣，老是識破哈伯的怪癖。因為儘管哈伯說話極帶英國口音，其實他出生於密蘇里州奧沙克的農場。美國的另一位頂尖天文學家沙普利（Harlow Shapley）也是他的同鄉。沙普利質疑哈伯的裝模作樣，如同哈伯，他也很想

哈伯身著填棉厚夾克在寒冷的夜間進行觀測，1937年。

成名立萬。

　　哈伯和沙普利之間的競爭，使兩人積極利用本身職務來傳播觀念，而且喜歡把那些觀念說成是自己的發現。舉例來說，1924年，瑞典數學家曾致函哈佛天文台，問說：「勒維特教授利用造父變星測量距離，此驚人研究的消息已經傳到歐洲大陸。能否請勒維特回覆，提供她的研究成果細節？」

　　來自瑞典的類似訊息，通常會被視為「至少對提名某人角逐諾貝爾獎有點興趣」的跡象。沙普利那時已接替皮克林，成為天文台台長。他回信解釋說，很遺憾，勒維特小姐過世了（他知道諾貝爾獎從未授予已故者），造父變星的主要研究，其實是在下沙普利本人的功勞，勒維特小姐根本不是教授，而是在他指導下的被動工具罷了。

　　這簡直是睜眼說瞎話，但是由於沙普利大肆宣揚勒維特以前告訴他的消息，因此她的造父變星研究成果才有更多人知道。這有助於哈伯（那時還在威爾遜山）進一步研究造父變星。

　　當時的天文學家知道，銀河系有大量的恆星幾近靜止的飄浮著，但是沒有人確定，銀河系以外是否有任何東西。有人發現一些奇特的稀疏光芒，稱為星雲，那些光芒顯然不符合任何分類系統，但一般認為它們是氣體雲，存在於銀河系的許多恆星之間，到處都有。

苦幹實幹赫馬森

　　威爾遜山上的100英寸望遠鏡功能十分強大，因此哈伯及天文學家赫馬森（Milton Humason）有辦法拍到極為詳盡的照片，看看那些稀疏星雲是怎麼回事。其中有些根本不像是氣體，反而比較像是恆星團。問題變成：它們的距離有多遠？

　　如果這些星雲相當近，那它們就只是銀河系裡的更多恆星而已，則「宇宙由不變的單一銀河系島*構成」的概念，將可得到證實。然而，如果神祕稀疏星雲的距離非常遙遠，那麼，也許我們在宇宙裡，並不如想像中那麼孤單。

　　哈伯是工作狂，隨著他的故事與現實生活之間的差距愈來愈大，他知道自己必須取得某些實質上的成就，而且動作要快，不然他真的會穿幫。他的手很靈巧，但赫馬森更厲害。赫馬森是格外細心且精明的人，十幾歲就開始在山上趕驢，穿梭於灌木叢及森林裡的崎嶇蜿蜒小路，幫忙運送用來興建天文台的建築材料。靠著自我訓練，加上幾位慷慨的天文學家幫忙，他學會操作笨重的機器，以及靈敏的照相裝置。

　　1925年，赫馬森與哈伯比較仙女座特定星雲的幾張照

---

*譯注：銀河系島（island galaxy），galaxy泛指星系，但此處指的是我們的銀河系。

赫馬森，1940年左右。

片，看到一顆恆星的振盪頗類似勒維特（還是沙普利？）仔
細分析的造父變星之一。這顆特別的恆星的振盪週期約為31
天，勒維特的圖表顯示，週期這麼長的恆星應該非常亮才
對。然而，即使用100英寸望遠鏡的超高放大倍率來看，它
還是非常非常暗。

本質上這麼亮的恆星，在觀測者的眼裡怎麼會顯得這麼
暗？答案只有一個：這顆恆星發出的亮光，肯定是因為穿越

超級遠的距離來到地球而減弱了。天文學家普遍使用的長度單位稱為光年，這個名稱很容易混淆，它並不是時間單位，而是光在一年之內行進的距離，約為9.46兆公里。我們的銀河系大約橫跨10萬光年，當時大多數的天文學家都同意，那就是宇宙所有重要物質所在的範圍。但是根據哈伯的計算，仙女座裡的造父變星，竟然遠在將近100萬光年以外。

哈伯的發現只可能代表一件事：我們的銀河系並不孤單。那一縷星雲，並非星際間的小小氣體雲，或是附近幾顆恆星組成的恆星團。相反的，它肯定是另一個完整的星系：龐大、閃耀，在離我們很遠很遠的地方飄浮著，無疑是宇宙星系艦隊的一部分，延伸範圍超乎任何人的想像。

比發現新星系更棒的是，事實上，我們有辦法測量它和其他任何遙遠星系的移動有多快。利用眾所周知的都卜勒效應就可以做到。這種現象原先考慮的是聲波：假設街上的救護車從你身旁呼嘯而過，它的警笛聲在逼近時會變為尖銳高音，離去時會突然轉為低音。光波也是同樣的道理，不過此時改變的不是聲音，而是光的各種顏色。迎面而來的太空船，看起來會比它靜止時藍一點；離你而去的太空船，看起來會比較紅一點。低速時的效果不明顯，但太空船加速時，效果就會變得比較顯著。

一些天文學家開始測量天空中不同恆星團的顏色變化，而這正是勒梅特在布魯塞爾的計程車上，試圖向愛因斯坦解釋時所用的粗略初步數據。恆星團的距離愈遠，顏色就變得

愈紅。無論太空的外圍到底是什麼，一切確實正在加速遠離我們。

勒梅特關於恆星移動的發現，赫馬森與哈伯只不過是用更詳盡的方法來研究而已。勒梅特根本沒有這麼精確的距離資料。誰都沒有，只有赫馬森與哈伯有。威爾遜山的強大望遠鏡，讓他們發現了遙遠星系的造父變星脈動，星系那麼遠，無論是弗勞德里希大老遠運到克里米亞的望遠鏡，或是愛丁頓一路帶去普林西比島的望遠鏡，都看不到這些細節。

哈佛天文台阿雷基帕研究站的24英寸望遠鏡風光一時，由沙普利在波士頓發號施令，但也幾乎偵測不到威爾遜山得到的那些數據。（想到這點，哈伯應該正在偷笑吧？）赫馬森操作的望遠鏡，具有口徑達100英寸的鏡面，聚光能力遠大於沙普利的儀器。哈伯忍不住想要挖苦死對頭，於是寫信給沙普利，「在過去的5個月，〔我〕已捕獲九顆新星及兩顆變星……總而言之，下一季應該會很精采。」

到了1929年，哈伯與赫馬森大功告成。赫馬森很隨和，不介意王牌拳擊手兼戰爭英雄哈伯發表研究成果時只列他自己的名字（但特別感謝「助理」赫馬森的忠實支持）。該論文附有工整的圖表，列出24個不同星系的距離有多遠，以及根據顏色變化算出它們移動有多快的最佳證據。數據有點分散，但主軸很清楚。星系正在加速遠離我們，星系的距離愈遠，加速愈快。

論文中提出的證據，比其他任何人的更完整，鐵證如

山，加上哈伯的有力陳述及巧妙利用宣傳，使他的研究發現迅速傳開，遠非《布魯塞爾科學協會年刊》的那些論文可及。

消息傳到大西洋對岸，傳到柏林的愛因斯坦耳裡。終於，他再也抵擋不住這些證據了。愛因斯坦讓大家知道，Λ 現在完蛋了。哈伯殺了它 —— 或至少哈柏用他的權威強調，他的發現指出再也不需要 Λ。愛因斯坦的原始方程式恢復了美妙的簡單性，但他的心靈，恐怕永遠無法復原了。

愛因斯坦親赴加州

兩次世界大戰之間的那段時期，旅行比如今艱難，直到哈伯1929年的發現過了將近兩年之後，愛因斯坦才好不容易來到加州，他搭乘輪船長途旅行，先到紐約，再經由巴拿馬運河向西行。他將要親自去加州表達敬意。1930年12月，當他與愛爾莎到達港口時，看到成千上萬的興奮民眾、一大堆攝影記者，甚至還有樂隊，演奏特別為他創作的愛因斯坦之歌。

如果哈伯從前曾因冒充戰爭英雄兼拳擊冠軍而沾沾自喜，如今在1931年，有世界上最偉大的科學家在場，他更是無比的自豪。為了愛因斯坦來訪，他廣發邀請函，美國天文學界幾乎人人有份。愛爾莎帶著丈夫參加了多場好萊塢晚宴，為了這件事，她採用一套有效，但有點失禮的選擇程

序：由於邀請函大量湧入，她先照單全受，再臨時決定她丈夫最喜歡的是哪一場，把其他的邀約取消。好萊塢大明星的邀約則是一律接受，愛因斯坦出席了好萊塢電影「城市之光」首映典禮，主演的電影明星卓別林陪在身旁，受到攝影記者與人群的包圍。

哈伯知道，愛因斯坦夫婦不會取消他的邀約。1931年1月29日星期四，在這偉大的日子，哈伯精心打扮：皮鞋擦得恰到好處、穿上最好的牛津風格燈籠褲（長及膝下4英寸的半長褲）、他的菸斗、他最喜歡的斜紋西裝，說不定最後還檢查一下領帶。他準備好了。

1931年1月，愛因斯坦與卓別林在洛杉磯出席「城市之光」
電影首映典禮。當時愛因斯坦問他，這所有的關注代表什麼，
卓別林回答說，「不代表什麼。」

平常載送訪客上威爾遜山頂的車子，是一輛排氣管轟隆轟隆響的老爺卡車。為了愛因斯坦大駕光臨，哈伯特地雇了一輛氣派豪華的皮爾斯雅樂（Pierce-Arrow）旅轎車。攝影記者與新聞短片攝影師爭相拍攝愛因斯坦夫婦，他們看到車子裡坐在偉大的愛因斯坦右邊的，正是眉飛色舞、洋洋得意、心滿意足的哈伯。

20分鐘的上山車程有如髮夾般彎來彎去，哈伯緊挨在愛因斯坦身旁，當他們在45公尺高的塔台上參觀太陽成像望遠鏡時，他也緊挨著愛因斯坦，只有當愛因斯坦搭開放式單人電梯上去塔頂時（由一條細細的纜繩，拉到十五層樓高），哈伯才短暫（且焦急）的留在底下等他。

等到愛因斯坦從塔頂平安下來（幸好他安然無恙，否則頭條新聞就會報導：世界上最偉大的天才，慘遭無能的天文學家殺害），之後哈伯再也不離他寸步。當他們進入主建築物和其他的望遠鏡建築物，以及到了該進入設置100英寸巨型望遠鏡的龐大圓頂時，他都緊緊跟著愛因斯坦，身手矯健的愛因斯坦開始爬上最頂層的露天高台，哈伯也馬上跟在他的身邊攀爬。（從那裡往下看很可怕，有時看得到底下很遠很遠的洛杉磯。）攝影記者站在他們下方猛按快門。「他簡直是扭來扭去、硬擠進去的，」一位同儕後來記述。「他就是想在那個地方，跟偉大的愛因斯坦合照。」

晚飯後，當太陽終於下山、星星紛紛亮起時，哈伯陪同愛因斯坦回到100英寸望遠鏡那裡，這次不是為了照相，而

是要透過目鏡觀看行星、星雲、恆星。令哈伯最開心的，究竟是有幸款待愛因斯坦，還是知道沙普利隔天一定會在報紙上看到這件事？（哈伯不知何故，竟然單單忘了寄邀請函給沙普利。）這就無從追問了。

哈伯愛出鋒頭，但他並不自私（起碼不是完全自私），他知道當天赫馬森也應該在場，這樣才公平。當時他跟愛因斯坦說，實際執行觀測記錄，得出紅移（藉以證明星系移動有多快的數據）的人，就是這位好好先生。

親眼證實

在天文台的一間辦公室裡，愛因斯坦和赫馬森一起檢視原始的感光片。愛因斯坦在伯恩專利局待過好幾年，而且向來喜歡建造東西。當然啦，在他小時候，他的父親和叔叔本來就是搞工程的。他尊重實實在在的技術。赫馬森從小就做粗活，有雙粗糙的手。當兩人仔細查看影像時，愛因斯坦看得一清二楚，赫馬森做研究沒有抄任何捷徑。星系移動是不容置疑的，所有的星系正在不斷的加速飛馳遠去。

令人津津樂道的參訪結束後，隔天在天文台的圖書館裡，在更多的攝影記者與新聞記者面前，愛因斯坦發出更正聲明。他大聲唸稿，用還不太像英語的英語說道，「哈伯與赫馬森的最新觀測……涉及遙遠星雲的光譜紅移，做出『宇宙的總體架構並非靜態』的近似假設。勒梅特的理論研

究……指出的觀念，符合廣義相對論。」

這可是大新聞。「圖書館裡一片驚歎聲，」在場的美聯社記者寫道，而相對論狂熱當時正轟動全美國。在正式宣告修正觀念的論文裡，愛因斯坦寫道，「值得注意的是，哈伯發現了新事實，使廣義相對論顯得沒那麼不自然（也就是說，少了 Λ 項）。」這正好回歸到他一向喜歡的簡單之美。

哈伯的研究成果在1929年發表之後，愛因斯坦隨即接受 Λ 的下場，但兩年後的1931年威爾遜山之旅，他的公開發言才算是正式認錯。遠在英國的《笨拙》（*Punch*）雜誌不久寫道：

> 當生活充滿煩惱
> 且多半有如泡泡
> 我求助哈伯博士
> 只有他才能幫我！

對於像哈伯這種穿燈籠褲的親英派而言，那樣的宣傳背書恰如其分。但他同時也是來自奧沙克的農家子弟，因此在上述報導的幾個星期前，出現在密蘇里州《春田日報》（*Springfield Daily News*）重要版面的標題寫得更好：

> 年輕人為了研究星星離開奧沙克山脈
> 導致愛因斯坦改變主意

第 十 四 章

終於心安

　　拿掉 Λ 項，愛因斯坦終於心安了。「自從加進這一項，我一直良心不安，」他後來解釋，「……我無法相信，自然界竟然會有這麼醜陋的東西。」能夠坦承這一點（尤其是對他自己），真是大大的解脫。

　　向弗里德曼道歉為時已晚，因為這位鬱鬱寡歡、營養不良的俄羅斯人，幾年前不幸死於傷寒，他永遠不知道，他的想法竟然得到了確認。但身材壯碩的勒梅特還健在，愛因斯坦也盡可能展現風度。威爾遜山天文台盛事過了兩年之後，1933年在加州的一場會議上，愛因斯坦站起身來，提到勒梅特的最新研究，「這是我聽過……最美妙、最滿意的詮釋。」

　　1933年稍晚，他們又回到1927年兩人初次碰面的布魯塞爾，愛因斯坦不僅沒有試圖在神父面前關上計程車門，而

且還在會議上宣布，勒梅特神父有「一些非常有趣的事情要告訴我們」，害勒梅特在下節會議之前一陣手忙腳亂，因為他根本不知道自己要上台報告。當勒梅特果真臨時湊出一篇演講時，與會者都聽到愛因斯坦用士瓦本口音的法語大聲嘀咕，「啊！非常漂亮；非常非常漂亮。」

愛因斯坦很高興，不僅因為他的原始對稱觀念 G ＝ T 證實是對的，而且他現在也看到，哈伯的發現使地球上的我們，得以像艾勃特幻想中的那些平面國人一樣，能設法踏出原本的宇宙以外，去看看到底是怎麼回事。正方形先生需要來訪的球體幫忙；弗里德曼則建議派旅行者去太空（他也是打個比方），沿筆直的直線前進，看看最後會不會回到起點。兩者實際上都不可能辦得到，但格羅斯曼教過愛因斯坦的製圖技巧，比較接近愛因斯坦目前可用的實際解法 —— 策略很簡單，就是測量三角形和矩形的角度，看看圖形是不是平的，或它們的表面是否向外凸出。

哈伯自己對這樣的解法只是略知一二。他知道仙女座裡的造父變星顯示，銀河系只不過是眾多星系的其中之一，每個龐大的星系島，皆包含千百億顆恆星，遠遠延伸至太空深處：遠至加州乾燥沙漠山上新型100英寸望遠鏡可偵測到的最大極限。而且赫馬森發現的紅移顯示，這些星系正快速遠離我們 —— 它們離我們愈遠，移動就愈快。

哈伯知道的大概就這麼多了，因為他可能是第一個承認自己不是理論學家的人。愛因斯坦的研究已經有了奇特的

推論，比方說：當哈伯爬梯子時，空蕩蕩的空間織構會形成波動，使他「穿越」空間；他揮揮手，就會使手周圍的空間凹陷。最新的研究發現更是驚人。透過100英寸望遠鏡的觀測，遠處的星系正加速遠離我們，然而，只有在這種情況下才說得通：宇宙生成於加州的一座山頂，而且一切事物正從那個地方不停的向外移動，彷彿火山暴發噴出岩漿那樣。可是連自命不凡的哈伯也不太相信，全宇宙的遙遠星系都知道他在哪裡，而且他竟然位在所有未來事件的中心點，看著它們逐漸遠去。

真正的解釋比較含蓄一點。想像你手上拿著未充氣的白色氣球。現在拿一支紅筆，在氣球上畫幾個紅點。開始吹氣球，你就會看到，這些紅點開始互相遠離。

更妙的是，相鄰的點會分開得比較慢，相隔較遠的點會分開得比較快。從哪一點開始看都無所謂。比方看著氣球頂部的某一點，當你吹氣時，離它最近的點會移動一小段距離，離它很遠的點會移動得比較快，因為你吹進氣球裡的氣

會把它們推開。現在把注意力轉移到較遠的那些紅點之一。在同樣的時間裡，離它最近的點只移動一小段距離，離它最遠的點則跑得更遠。

如 果 發 生 在 地 球 上

如果這種情況發生在地球上，效果就會變得更顯著。想像你站在英國倫敦的國會大廈樓頂，看到泰晤士河對岸的巴特錫田園美景開始慢慢遠離你。這不足為奇，因為你發現泰晤士河正以1公里的時速加寬。但收音機報導說，柏林正以100多公里的時速遠離你，而更遠的紐約，則以3,000公里的時速遠離。

如果泰晤士河底下流出一大坨岩漿，並以倫敦為中心把土地推開，這或許說得過去。可是後來開始傳來其他的報導 —— 很奇怪的報導。紐約的BBC記者堅稱，他覺得「他」才是靜止不動的。隨著哈德遜河慢慢加寬，紐澤西州海岸正以1公里的時速遠離他。可是離紐約較遠的多倫多，正以300公里的時速遠離，更遠的倫敦，則以3,000公里的時速遠離。

這就奇怪了，倫敦和紐約怎麼會同時感覺，它們彷彿是某種龐大的行星熔岩流的靜止中心點？除非整個地球的體積都在膨脹，才會發生這種情況。發生在地表上的事情，或許看起來很奇怪（那些城市以這種不均勻的方式遠離彼此），

不過，如果把地球看成正在充氣的大氣球或海灘球，這就完全說得通了。隨著整個球體膨脹，鄰近的城市分開得比較慢，遙遠的城市（地表上的遙遠地點）則是彼此遠離得比較快。

那正是赫馬森測量到的外太空實際情況。遙遠的星系就像是氣球上的點，或是地球上的城市。它們不僅漸離漸遠，而且無論你站在哪一個點，鄰近的點都移動緩慢，較遠的點則移動得較快，這樣的事實只有一種可能。我們看似完整的宇宙（我們生活其中的三維空間），其實只是某種東西的表面而已，而這東西是某種驚人的龐然巨物。二維氣球以我們可理解的方式膨脹成三維空間。依此類推，存在所有行星與星系的三維宇宙，必然是膨脹成四維空間，這是合乎邏輯的推論，但我們有限的頭腦卻難以想像。

對愛因斯坦而言，赫馬森的發現正是他朝思暮想的。他原始方程式內所含的預測才是對的，弗里德曼和勒梅特試圖向他說明時，他卻誤以為那是錯的而置之不理。我們的宇宙只是某種龐大球體之類的表面而已。星系遍布於它的表面，隨著「表面下的」球體不斷膨脹，星系此時此刻正在飛快遠離彼此。銀河系裡的我們並不特別；沒有什麼星系是特別的。我們都只是膨脹中的氣球上面（或裡面）的點而已。這簡直令我們這些「平面國人」匪夷所思，但這絕對是真的，因為威爾遜山天文台的測量結果清清楚楚說明了。

舒坦的家庭生活

自1929年以來，愛因斯坦這幾年的日子過得舒坦多了。他和米列娃已取得彼此的諒解，多半是因為貝索充當和事佬。愛因斯坦把他獲得的巨額諾貝爾獎金給了米列娃，覺得這樣才公平。這筆錢，米列娃大多用來投資房地產出租，經濟有了保障，她可以少吃點苦，反過來也有助於愛因斯坦與兒子變得更親近。有一次，跟兒子一起渡完假，愛因斯坦寫信跟米列娃說，他們的乖巧懂事顯示「妳已經證明，妳知道自己在做什麼。」

他跟愛爾莎的生活也逐漸改善。當他初見她時，他曾寫道，「我必須愛上某人，否則這樣活著就太可悲了。而那個某人，就是妳。」1919年他們結婚之後，當初萌生的愛意早已淡去，但漸漸又恢復了不少。儘管愛因斯坦不停的拈花惹草，但他從未當面給她難堪，他一向很大方，而且她喜歡他的幽默感。他也承認，就算是不完美的婚姻，也可能發展出自我滿足的一面。愛爾莎以夫為天；她是出色的女主人，總是讓人感到輕鬆自在；而且他欣賞她略帶嘲諷的幽默感。

比方說，1930年12月，他們抵達加州參觀哈伯的研究成果時，等候的人群中有幾十個啦啦隊表演者，這荒唐可笑的情景讓他們嚇了一跳，於是愛爾莎決定把她們當成軍隊來「閱兵」，一邊走一邊喃喃自語品頭論足，逗得她丈夫開心極了。

什麼場面都難不倒她。還有一次，當時她陪愛因斯坦去芝加哥大學訪問，談到最近在普林斯頓的停留，說她和她丈夫很喜歡那裡，儘管飛蛇讓她很受不了。採訪者一頭霧水，因此愛爾莎詳細解釋：「就是咬我手的那種飛蛇。」他們更糊塗了，於是她繼續說：「同樣的飛蛇還飛進我的裙子裡呢！」就在這時，會講德語的女主人插嘴了，「真的是飛蛇嗎？」她用德語問愛因斯坦夫人。愛爾莎搖搖頭。美國人真是無知。「Nein（不）！」她解釋說，「Ich spreche von Schnaken（我說的是蚊子啦）！」*

　　在他們柏林的家，愛爾莎花了很多心思，確保丈夫生活得舒適。譬如愛因斯坦喜歡吃新鮮草莓，所以她只要買得到就會去買。夫妻倆養了一隻藍色鸚哥，廚房變得很熱鬧，他們還舉辦音樂晚會。愛因斯坦也有充裕的時間彈鋼琴，或拉他最心愛的小提琴自我消遣，不過他晚上在鋪瓷磚地板的廚房裡演奏，如此蕩氣迴腸、餘音繚繞，鄰居恐怕不怎麼欣賞。

　　就連待在他們的避暑別墅，往往也帶來美好的時光。愛因斯坦喜歡陪愛爾莎和繼女出去散步、欣賞美景。他兒子漢斯阿爾伯特現在跟他比較和好了，至少有一次，他騎著摩托車出現，迷倒了所有人。那裡有樹林可以採蘑菇，鄰居的兒子還借他們玩奇特的「溜溜球」玩具，有果樹，有陰涼的

*編注：愛爾莎誤把英文的snake（蛇）認為是德文的schnaken（蚊子）了。

門廊。愛因斯坦曾對漢斯阿爾伯特說，他的妻子「不太動腦筋」，但後來他又加了一句，「〔然而〕她心地特別善良。」

　　愛爾莎的女兒似乎偏袒繼父，她們的結論是：跟「阿爾伯特爸爸」住在一起，權衡利弊得失，接受他的風流韻事還是挺划算的。每當愛因斯坦忍不住花心，他總是會浪子回頭，維護婚姻。例如1924年，他曾寫信給一位愛他愛得痴狂的年輕大學畢業生，說他們在一起不會有未來，她應該「找個比我年輕十歲，且像我一樣愛妳的人。」

　　隨著愛因斯坦的家庭生活穩定下來，他在其他方面也取得平衡，至少他這麼認為。他的這種感覺，我們可以從他對某人特殊貢獻的反應看得出來。這個曾經是他的眼中釘的人就是：勒梅特。

神父的信仰與研究

　　在1927年愛因斯坦決定擺脫 Λ 之前，他本來對勒梅特很不客氣，對他的研究不屑一顧。這傷了經驗不足的比利時神父的心，害他很沮喪。不過，最後獲得愛因斯坦的支持（以及愛丁頓等所有人的支持）之後，勒梅特又恢復了信心。他開始深入研究愛因斯坦原始方程式引申出來的動力現象。宇宙可能一直在膨脹，也可能不斷的來回循環，一下大、一下小，不停的變來變去，這和弗里德曼的觀念一致，和印度神話更是驚人的吻合。而且這兩種觀點皆推測，這種

過程一直都在發生：沒有開始，也沒有結束。

為什麼呢？

在勒梅特的餘生中，他始終堅稱，他後來做的研究與他的宗教信仰無關 —— 宗教是通往真理的一條道路，科學則是另一條，這兩條道路可以並行不悖。但在他過世後發現的論文顯示，當他還在神學院接受神職人員訓練時，曾私下寫過一段話：「如〈創世紀〉所述，宇宙之始來自光。」

1929年之後這幾年來，重獲信心的他開始看出，這個觀念或許也隱含在愛因斯坦的原始方程式裡。人難道不能時光旅行回到過去，看看一切到底是從哪裡開始的？有了威爾遜山天文台的測量，諸如此類的思考，再也不全然是理論而已。赫馬森曾指出，某些星系飛快遠離我們，快到它們昨天跟我們的距離或許比今天近了10億公里，前天跟我們的距離或許比今天近了20億公里。在我們本星系團以外的所有星系，本來都離得更近。這就像是很久以前有巨大手榴彈爆炸了，碎片（這些星系）向外飛出。我們趕到現場時慢了一步，只看到那些正在飛的碎片。但是在我們的腦海裡，我們可以反推又反推，直到推回最初爆炸的那一刻 —— 勒梅特稱之為「沒有昨天的一天」。

1931年，勒梅特發表了他的最新計算結果，比先前的概述更加複雜，因為與其想像最初始的「原子」是某空間範圍裡的一小團物質，不如想像空間與時間本身咻的一下縮成緊密壓縮的一點。我們的數學可以很精確，但我們在腦海裡想

像的畫面（以及我們的文字），卻不得不用比喻的方式。勒梅特試著用文字來表達，他說：「宇宙的演化，可以比喻成剛結束的一場煙火表演：徒留幾許灰燼、幾縷塵煙。站在冷卻的餘燼中，我們眼看群星逐漸淡去，努力回想宇宙起源的消失光輝」，事實上，那正是1933年愛因斯坦說的，「我聽過最美妙、最滿意的創世詮釋。」

勒梅特的宇宙起源理論令人讚歎，可說是革命性的理論。他的理論完全歸功於 G＝T，理論物理學方面的許多開創性成果也是如此。

一生中最大的錯誤

愛因斯坦恢復原來的重力方程式，後果一則以喜、一則以憂。喜的是，愛因斯坦（以及所有瞭解他的方程式的人）見識到科學最令人驚奇的一面：人類能夠寫出精準的方程式，這方程式比制定它的人「更聰明」，在某種意義上，這些方程式可以產生驚人的準確預測，以致連它們的創造者都不知從何說起。一個凡夫俗子坐在書房裡，漫步在蘇黎世與柏林街頭，竟然能夠純憑思考便得出 G＝T 的概念，並且藉此開啟了閘門，使後來許多驚人且超乎想像的預測，如滔滔洪水般傾瀉出來。

更令愛因斯坦滿意的是，他的觀念早就指出，宇宙是井然有序的：建立在精妙明確的基本原理上。宇宙架構的統一

性，正是愛因斯坦始終如一的最愛。擺脫了 Λ 項，他確定宇宙的真相就在那裡，等著人們去發現。

另一個後果就沒那麼正面了。

天才肯定是殫精竭慮，才能想出他們最初的概念。幾乎總是如此，他們會顛覆所有人都認為是對的事情，而且必須堅信自己是對的。這也包括擇善固執。可是他們也要很靈活，確保自己的突破採納了所有相關的實際資料，之後的研究也要持續呼應別人的發現。祕訣則是在靈活與擇善固執之間遊走，不能偏離任何一邊太遠。

愛因斯坦正要打破那樣的平衡。他之所以在方程式中加入礙眼的 Λ，就是因為弗勞德里希等天文學家在1915年及1916年當時，根本不知道宇宙膨脹這回事。要是他們已經知道所有的事實，就絕對不會反駁他，他就不會做出這種事情。

他發誓，下不為例，他再也不會上同樣的當了；他絕對不會再讓有限的實驗知識，害他破壞自己深信不疑的純粹且吸引人的理論。

多年以後，他表面上告訴同儕，加入 Λ 是「我一生中最大的錯誤」。但關於這點他錯了。愛因斯坦又犯了更嚴重的錯誤，因為他後來決定，任何實驗只要反駁他認為對的概念，他一概置之不理。跟弗里德曼、勒梅特打交道那時候，他已經犯了那樣的錯誤，但他在其他方面也犯一樣的錯。

多年來，愛因斯坦一直挺身對抗其他的實驗證據，因為

那些證據指出，宇宙不如他想像中那麼井然有序。他從來不願意接受那些證據。如今有了 Λ 的慘痛經驗，更令他徹底執迷不悟，「宇宙實際上如何運作」的相關發現，只要不合他的意，他就比以往更不輕易接受了。

第五篇

最大的錯誤

愛因斯坦，1930年代初。

第 十 五 章

量子力學的誕生

　　愛因斯坦努力研究宇宙結構大尺度問題的那些年，物理學在超小尺度領域（原子及電子層面）也有所進展。這正好發生在愛因斯坦得出 G ＝ T，以及後來他在方程式中硬摻入 Λ 項，還有更後來十幾年他忍受那個討厭的 Λ 項的同一時期。全新的觀念正在形成。這代表我們對於所居住的世界的瞭解，有了大幅的躍升，幅度之大，有如維多利亞時期的科學家在物理學方面的開創，也有如二十世紀期間，愛因斯坦的狹義及廣義相對論所造成的影響。這場革命將會威脅到愛因斯坦深信不疑的一切，而他的反應，竟導致後來在普林斯頓遭受的科學孤立。

　　舊有的典範向來與愛因斯坦和睦相處，即使其他物理學家正在推翻那些舊有的典範，他也已經很習慣在其中成長。在愛因斯坦小時候，甚至在他二十幾歲、三十幾歲正努力實

現導出 G ＝ T 的那些概念時，思想家原本認為，無論研究的是大物體還是小物體，都有可能找到精確的法則來解釋它們如何運動。然而，到了愛因斯坦生命中的那個階段，不斷有證據顯示，情況並非如此，而且即便是他的科學家同儕，起初也很難接受那樣的詮釋。

原子中的太陽系

例如1908年，出生於紐西蘭的拉塞福在曼徹斯特大學擔任研究員時，發現的莫名其妙怪事。他用微小的粒子射擊薄薄的原子層，雖然大多數粒子都直直的穿過去，或是方向稍微偏了幾度，但也有少數粒子直接反彈回來。

「這真是我這輩子遇過最不可思議的事情，」他寫道。「簡直像是你用15英寸砲彈射擊一張衛生紙，砲彈卻反彈回來打到你一樣的不可思議。」

拉塞福的發現，考驗人們對「次原子粒子行為」的所有預期 —— 但他發現的反彈效應，並未終結「一切事物皆可用精確的因果必然性來理解」的觀點。

經過幾個星期以來的苦苦思索，拉塞福恍然大悟，這種現象真正代表的，並不是原子的內部亂七八糟，而是原子內部具有某種非常堅硬的東西。那個堅硬的東西位於原子的中心，他意識到，我們可以把它看成縮小版的太陽。他想像，小小太陽的周圍，會有小小行星環繞。這些小小行星，就是

質量輕很多的電子。他射進原子裡的粒子，大多從小小「行星」之間的空隙穿過，但碰巧有一顆粒子，擊中了位於中心的堅硬「太陽」（後來他稱為原子核），這就是粒子反彈回來的原因。

這種詮釋既溫馨又熟悉，它指出微觀世界的運作，正如宏觀世界的縮影；我們人類生活在大型太陽系的一顆行星上，而在我們的身體裡，組合成我們的原子，則是由許多小型「太陽系」構成的。這些詮釋並沒有破壞科學進展的普遍觀點：利用甚於以往的分析及更強大的工具，科學家始終會看到精確的作用，無論要多麼深入物質內在。

後來，1912年及1913年，關於拉塞福發現的那些縮小版「太陽系」，丹麥科學家波耳又研究出更多的細節。從外表看來，拉塞福就像是粗壯敦厚的紐西蘭農夫，波耳則是誰也不像。波耳的額頭很寬，牙齒特別大。他和弟弟還是幼兒時，曾有路人對他的母親深表同情，因為她「有這種顯然不正常的小孩」。他也是出色的足球選手。在他的博士畢業典禮上，哥本哈根大學的教師都傻眼了，因為發現很多觀禮者都是足球選手，特別來支持他們的傑出隊友。波耳的弟弟更是球技高超，他是丹麥奧運代表隊的明星球員，據說後來波耳獲得諾貝爾獎時，某體育報的頭條標題，竟然是「足球明星的哥哥榮獲物理獎」。

波耳說起話來含糊不清，而且異常緩慢，但他是最和藹可親的人，擁有淵博的創意思維，樂於結交和他一樣能以新

的角度看待生活的朋友。舉例來說，波耳開始研究電子軌道時，一直和拉塞福一起學習，兩人都住在曼徹斯特的寄宿公寓裡。住在那裡的學生懷疑，房東太太回收星期天吃剩的烤肉，放了幾天或幾星期後，又把它變成別的菜色，根本不適合再吃了。其中一個學生是匈牙利人，名叫赫維西（George de Hevesy），他左思右想，決定從拉塞福的實驗室拿來放射性示蹤劑，把它摻入星期天的剩菜裡。幾天後，他們偷偷找來一部蓋格計數器之類的儀器，儀器顯示，這些年輕人的懷疑果然沒錯。波耳和赫維西成了終生好友。（赫維西後來正是因為研究放射性示蹤劑，獲得了諾貝爾獎。）

在波耳深入研究原子結構的過程中，他的許多早期發現顯得太古怪，以致無法融入理性物理學的進展。他認為電子的運作，實際上不可能類似拉塞福想像中的小小太陽系那樣。假設電子真的開始環繞原子核，它們很快就會愈繞愈靠近中心的原子核，原子就會瓦解。然而，由於我們、地球及大部分的宇宙，都是由原子構成的，而這些原子並沒有瓦解（因為我們的身體並沒有乾癟成密集的塵埃粒子）。一定是發生了別的事情，不停旋轉的電子才會較穩定的維持在原位。

不過，電子軌道這奇特的一面，如同拉塞福關於原子核的發現，還是可以用相當傳統的方式來理解。波耳提出的概念是，電子被封鎖在固定的可能軌道範圍內。它們不能從距離中心原子核較遠的位置，任意滑到較近的位置。相反

的，它們受到限制，只能從某一個特定軌道「跳」到另一個軌道。這就像是海王星可能突然出現在地球旁邊，或在火星或其他行星旁邊的軌道上繞行，但絕對不可能出現在太陽系其他任何地方。如同拉塞福的理論，這個概念想像起來很詭異，但一旦被接受了，它的細節便毫無先天上的限制，可以用來描述電子的潛在現象。那樣的跳躍，後來稱為「量子跳躍」〔quantum jump，由「quantity（數量）」衍生而來〕。這個名詞強調，這些跳躍是以不連續且定量的方式發生的。

在挪威渡假的波耳，1933 年。

光電理論

　　愛因斯坦擁有的傳統觀念，正不斷延伸，但還沒有破滅。事實上，他在二十世紀超小尺度領域的許多初步進展上，一直扮演很重要的角色：他扮演得非常成功，以致他獲得的諾貝爾獎，並不是因為他在大尺度方面的研究（例如 $G = T$），而是因為他在1905年的研究解釋了「光何以是粒子，同時也是波」。

　　光的粒子特性，可用來解釋「當金屬受到光的照射時，往往會發射出電子」的過程。對外界來說，這個概念似乎是他的另一個天才標誌，但對愛因斯坦來說，它只是合情合理而已：宇宙一定有秩序，且這秩序可由人類的推理得到。

　　愛因斯坦在1905年提出光子的概念，十年之後，他先在柏林想出 $G = T$，接著又興致勃勃的把早期的次原子粒子研究更上一層樓。1916年夏天，$G = T$ 的研究工作令他疲憊不堪，正在休息的他轉而仔細研究電子，他發現，電子不會輕易的從「較高」的軌道跳下來，但如果我們注入額外的光來照射電子，電子有時會受激發。當額外的光使那些電子「下降」時，電子會發出本身的亮光，彷彿從天而降的路西法（《聖經》中提到的光之使者）。這可導致某種連鎖反應：在這種情況下，產生的並不是致命的原子爆炸，而是純粹、有用的光。

　　在戰時的柏林受限於設備，愛因斯坦根本無法建造機

器來繼續研究下去。但他的研究同儕後來終究弄懂了這種「藉由受激輻射使光強化」（Light Amplification through the Stimulated Emission of Radiation，縮寫LASER即為「雷射」一詞的由來）的作用。在這篇看似不經意的論文中，愛因斯坦闡述了雷射的基本動力學。雷射是現代光纖電纜的核心裝置，少了它，網際網路根本行不通。由於他無法得知「跳躍」何時發生，他也提出了無故發生「跳躍」的可能性。

最大的問題在於，這些關於光子、電子、原子核等次原子物體的概念，是否仍滿足最根本的確定性？那是自從伽利略和牛頓以來，所有科學一直在尋找的。愛因斯坦深信，這些概念必須滿足最根本的確定性，然而他的信念——宇宙遵守具有規則、合乎邏輯的原理，卻和最新的研究愈來愈分歧。比方說，愛因斯坦無法確認哪些電子會先被撞出它們的軌道（至少在他的初步研究上），他不喜歡這樣。「這個理論的缺點，」他在發表的報告中寫道，「在於……事實上……它把基本過程的持續時間及方向，留給『機率』。」

愛因斯坦的光電理論提到「下降中的電子會釋出光」，其中隱含隨機性，當時他倒沒有太深受其擾。在很多別的領域裡，我們會把統計平均拿來湊合著用，例如：法國和德國軍隊新兵的身高、森林裡的葉子在一年中特定時間的顏色。舉這些例子，並不是意味隨機性真的很普遍。我們覺得，如果更仔細看的話，就能追查出導致每個新兵具有特定身高、或每片葉子具有特定顏色的事件序列。普遍的觀點是，這種

訴諸統計、機率的方法，並非根本之道，只是當我們無法檢視每個特定物體背後詳細因果關係時，用的權宜之計罷了——要是我們有辦法調查那些細節，根本用不著機率。

愛因斯坦深信，他的理論終究會排除隨機性，這解釋了他為何把「機率」這個詞冠上引號。他知道在他的計算中，討論各種不同躍遷的機率是有幫助的。但他骨子裡依然是傳統的物理學家。他冠上引號是為了表明理念：如果我們有時間檢視細節，無疑會看到，每一次躍遷都有簡單確切的原因。「永恆之謎在此跟我們開的大玩笑，」愛因斯坦告訴他的好友貝索，「還沒有人完全明白。」

愛因斯坦有信心，宇宙的重重謎團一定可以用合乎邏輯的方式解開。然而，到了1920年代中，得到的結論卻似乎違背他深信不疑的明確性——這正是愛因斯坦在蓬勃發展的超小尺度研究方面，與同儕物理學家意見分歧的原因。

玻恩與海森堡

隨著次原子研究堂堂邁入1920年代，日漸明朗的是，微觀領域遵循的原理，簡直遠遠超乎任何人的想像。雖然簡單原子（例如氫）遵循波耳提出的原理，但較複雜的原子（例如碳、金、鋁）的電子，卻似乎表現出完全不同的行為。索莫菲德等人試圖拼湊修補，使一切繼續按照傳統方式進行，例如：想像電子並非完全如同太陽系的行星，在單一

平面上沿正圓形軌道環繞中央的原子核，而是沿橢圓形或以複雜的三維型態環繞原子核。但這些都是權宜之計。

愛因斯坦的好友玻恩（Max Born）在著名的德國哥廷根大學擔任教授，1924年，玻恩告訴他的頂尖研究生和助教，這些折衷方法他受夠了，他想試著找到可以解決這些問題的理論。他的年紀和愛因斯坦差不多，預料應該會抗拒那些令人驚訝的新奇現象，因為和他學過的東西截然不同。不過，雖然玻恩強於思考，但他的程度遠遠比不上愛因斯坦 —— 而這其實讓玻恩占了優勢，因為這意味著，他對自己過去成就的投入不如愛因斯坦。傳統的方法讓愛因斯坦大有斬獲。相反的，跳脫至新的觀點，對玻恩而言沒什麼好損失的。

玻恩和他的學生知道，牛頓早已設法解決了我們居住的巨觀世界的力學問題，例如樹木、衛星、強大的蒸汽機等等。現在玻恩堅信，現代物理學家的工作，是要解決表面下的微觀世界的問題，新奇微小的「量子」跳躍正在那裡進行。假如開創了這門嶄新的科學，就可稱為量子力學。

一年後，就在1925年，玻恩門下最優秀的助教設法解決了玻恩的問題，他就是英俊、金髮、神經質、年方24歲的海森堡。海森堡是德國浪漫主義的忠實信徒；他很喜歡在德國山區和健壯的年輕人一起健行，在朦朧中看日出。經過幾個月以來的研究，在德國本土得了花粉熱的他，正躲在北海的黑爾戈蘭島靜養，有一天夜晚，在海風吹拂的潔淨沙灘上，他的靈感突然源源而至。

海森堡成功解決問題，是因為他完全不管原子裡的電子究竟是怎麼飛的 —— 無論是繞著橢圓形、飛在原子核的「北極」上空，或依循其他的型態。他知道，他心目中的英雄愛因斯坦成就偉大的相對論，靠的只是檢視某事件的可測量部分而已，不管是在墜落的電梯中醒來，或是看到無害的鐳金屬塊發出純粹的能量，至於它們為什麼會這樣，則不一定要試著去想像細節。

　　現在，海森堡按照自己的想法，把研究人員觀測到的「電子在不同情況下產生的光」列出來。觀測結果會隨電子所在的原子受不同的光（例如強光，或是弱光）照射而改變。他只要記錄用什麼光照射，再記錄發出什麼光，就可以得出最簡單的數學式來表示兩者的關係。

　　海森堡做的嘗試，可以打個非常粗略的比喻：想像有一齣很紅的大型音樂劇在柏林演出，換幕的空檔，眾多演員急忙去後台換衣服，這時把演員身上穿的衣服一一做筆記。人們希望從筆記裡找出對應關係，能確認演員下一幕出場時身上穿了什麼衣服。有些模式會很清楚。觀賞演出時，人們或許會看到原本打扮成公主的女子，下一幕很可能打扮成村姑（比方劇情正從皇宮演到鄉村）。這樣的分析很有限，但對海森堡的新方法而言，這樣就夠了。沒有人會自找麻煩，去後台看每個人正在匆匆忙忙換衣服的樣子；所有要測量的，正是我們可以觀測，「以某種方式」從幕後出現的部分。

　　海森堡的整套程序，和愛因斯坦1916年在他早期雷射

1926 年的海森堡，

一年前，他在海風吹拂的黑爾戈蘭島有了重大突破。

系統中利用的方法並沒有太大的差異。在雷射系統中，某
種形式的光子進去，不同的光子出來。我們可以測量這些光
子，精準預測前者如何產生後者。音樂劇的比喻也是同樣
的道理，而海森堡1925年在黑爾戈蘭島做的形式計算也一
樣。他可以把原子內部一系列的可能事件列出清單，再利用
清單計算看到的光譜線。至於原子內部「實際上」發生什麼
事（無論是本質上不可知，還是太複雜而無法理解），並不
是他這時候要思考的問題。

老一輩物理學家都解決不了的難題，海森堡竟然解決
了。他的終生成就在他書桌上散亂的筆記裡（「凌晨快三點

了……我興奮得睡不著」），他徒步走到黑爾戈蘭島的最南端，爬到伸入海中的一塊岩石上休息，看朝陽冉冉升起於眼前遼闊的北海 —— 景象彷彿二十年前，愛因斯坦與好友在伯恩附近的山上看日出。數百年來，嚴格的因果論征服了西方。如今，海森堡僅僅利用外在的測量，假設「內在」的來龍去脈不關我們的事（他覺得愛因斯坦也是這樣），竟然有了不同的突破。海森堡的研究，受公認是新量子力學的誕生。

不受大科學家認同

海森堡一回到德國本土，立刻告訴大家他的研究成果。他解釋說，就算不追究原子內部的最終細節，還是可以十分準確的預測原子發出的光。自從十七世紀偉大的牛頓以來，科學至少原則上，始終建立在「我們觀測的每個作用，都可以找到明確性」的假設上。海森堡似乎認為，這個假設不一定是對的。

玻恩非常樂於接受新的方法，因為海森堡的結論十分精確。愛因斯坦並不接受，但他和玻恩全家都很友好，所以必須謹慎以對。他寫信給玻恩的妻子，刻意語帶雙關，「海森堡和玻恩的觀念，令吾人嘆為觀止，留下深刻的印象。」

愛因斯坦也很矛盾，因為雖然他反對海森堡「似乎罔顧因果關係」的做法，但他知道，物理學家如果太拘泥於自

己的想法，往往會錯過重要的發現。譬如1895年，德國科學家侖琴描述了X射線的奇特現象，而拒絕接受這項發現的物理學家，很快就遭證明是錯的。但判斷也不能草率。1903年，一位傑出的法國物理學家描述同樣奇特的新現象，他稱之為N射線，但不到兩年就證實這只是實驗上的瑕疵而已，這回換當初沒反對的物理學家認錯了。關於海森堡的研究，愛因斯坦還不打算發表最後的公開聲明。

玻恩夫婦懷疑，以他們的角度來看，愛因斯坦只是不想得罪人而已。當玻恩試探他時，愛因斯坦詳細解釋自己的理念：「量子力學絕對令人印象深刻。但內心的聲音告訴我，它還不是千真萬確的。」愛因斯坦對一位較親近的朋友更是直言不諱：「海森堡誕生了量子這顆蛋。哥廷根那幫人相信這一套，我不信。」

沒多久，玻恩不得不告訴海森堡，愛因斯坦並沒有被說服——這令海森堡難以忍受。他的朋友都知道，雖然他極力給人「自我克制」的印象，但當他感到焦慮時，常常會瀕臨抓狂。他開始在鋼琴上使出暴力，彈奏浪漫的曲子時，他的失控特別明顯。他喜歡居主導地位、強勢、占上風。他對原子的見解應該是終生的成就。世界上最受人敬仰的思想家，現在竟然說他的見解是錯的。

海森堡決定，也許該直接去找愛因斯坦談一談（很像勒梅特後來做的事情），一切當面問個清楚。

第 十 六 章

近代的不確定性

　　海森堡不知道，對於他那天晚上在黑爾戈蘭島想出的理論，愛因斯坦到底反對到什麼程度。

　　在愛因斯坦看來，機率只不過是我們在認知上有缺口的象徵。機率是暫時的解決方法，等到科學迎頭趕上，就會由更明確的認知取代。舉例來說，天王星的運行軌道原本是個謎，直到十九世紀，天文學家才知道，前所未見的海王星如何牽引它。感染原本是個謎，直到顯微鏡等實驗室技術變得夠成熟，才確認出微生物。

　　愛因斯坦深信，外在的世界裡無論有什麼，都不可能依靠「觀測者是誰」或「誰去哪裡旅行」之類的怪招來發現。無論是他安然坐在蘇黎世的咖啡館，有菸斗及書本在身邊，無視於周遭忙碌的學生生活，或是在他和米列娃的第一間伯恩公寓裡，有工作筆記及菸斗在身邊，安然坐在幼兒與訪

客的一片混亂中，他都早已隱約察覺到那樣的客觀事實。甚至在1919年以後，在他對自己的盛名百思不解的困惑中，那樣的客觀事實也會冒出來。語言、文化、孩童、文字等等事件似乎匆匆而過，迷惑我們，顯得雜亂無章。但那都只是表象而已。如果研究得夠仔細的話，它們始終是非常確切、非常肯定的。這正是他對於發現「相對論的確定性」感到自豪，但不感到意外的原因。

然而，量子力學卻不符合那樣的世界觀。

堅信因果關係

愛因斯坦的觀點有很好的歷史先例。猶太裔荷蘭哲學家斯賓諾莎（Baruch Spinoza）是他心目中的偉大英雄之一，雖然他生活在三百年前，但令愛因斯坦感到安慰的是，事實上斯賓諾莎也「深信一切現象的因果相關性，雖然當時努力實現〔那樣的知識〕，還不太成功。」若是斯賓諾莎能活得夠久，他就會看到，我們的科技文明確實找到了他想像中存在的因果關係，並且利用它們來創造我們的城市、我們的火車、我們的飛機。

愛因斯坦對因果關係的概念如此傾心，還有更深入的原因。他不相信天啟宗教的教條，他不相信西奈山摩西十誡的背後有神聖的力量；他不相信來自加利利的任何拉比（猶太教教士）會死而復活，無論他多有智慧；但這絕不代表他

不信宗教。他認為無神論者自以為是，而且他敬畏體現於自然法則的智慧。「這種感覺是〔科學家〕生活與工作上的指導原則，」他寫道，「如此才能成功使自己免於私欲的枷鎖。」

因此愛因斯坦的學術與精神生活的核心，取決於「所有的潛在事實都很清楚、確切、可理解」的前提。他不會相信宇宙基本上是不可知的。

以我們先前「演員在劇院換衣服」的比喻來說，海森堡會一直認為，後台發生的事情本質上就是模糊不清的。從愛因斯坦的角度來看，那是錯的。很明顯，每一位演員必定都在換戲服，但我們窺視光線昏暗的更衣室或許很難看得到，但演員出場時都穿上不同的戲服，這就證明發生了「換戲服」這件事。愛因斯坦覺得，電子在原子內部移動的方式，也是同樣的道理。

由於海森堡對愛因斯坦內心深處的感受知之甚少，他仍然覺得這位偉大人物可能會被說服。1926 年初，海森堡應邀在柏林演講，他知道愛因斯坦會出席。演講完，他們開始討論，愛因斯坦邀請他到家裡。互相客套一番後（愛因斯坦問起海森堡最喜歡的老師索莫菲德，他和索莫菲德很熟），海森堡提到他的煩心事。

海森堡指出，愛因斯坦在 1916 年「光照射原子」的研究中，並沒有試著描述個別原子的內部是怎麼回事；他只描述了進去的是什麼、出來的是什麼而已。海森堡解釋說，這

正是在黑爾戈蘭島那晚的重大突破中，他自己一直想做的事情。即便如此，海森堡後來回憶，「我很驚訝，愛因斯坦對此論點一點也不滿意。」

「或許我先前確實利用那種理念，」愛因斯坦回答，「……但它同樣毫無意義。」他解釋說，相對論中可觀測到的現象，跟微觀世界裡可觀測到的現象，兩者的問題截然不同。1916年進行的只是初步研究 ── 只是一種計算，用來解釋觀測到的現象。他依然相信，在表象底下，電子確實以某種明確的方式存在與移動。他之所以局限於輸入／輸出的描述，只是因為以他擁有的技術，沒辦法獲得更多的細節罷了。未來，這點將會明顯改善。

愛因斯坦對熟人更是直言不諱。他向來如此。弗蘭克（Philipp Frank）是他在布拉格德國大學的繼任者，愛因斯坦待在弗蘭克住所那段期間，兩人結為好友，有一次，愛因斯坦客氣的糾正弗蘭克太太，說她用水炒豬肝不太恰當，用油比較好，因為脂肪或奶油的沸點較高，傳熱會比較有效率。從此以後，他們家便稱用油煎肉是「愛因斯坦理論」的實例。有一回他們聊天，弗蘭克提出與海森堡相同的觀點：只檢視外在細節的做法，難道不是因為愛因斯坦本人才流行起來的嗎？愛因斯坦語帶諷刺回答，「好的玩笑不應該太常重複。」

在貝索面前，愛因斯坦更是顯露出對海森堡理論的輕蔑。愛因斯坦聲稱，海森堡把「什麼光進入原子」的清單，

換算成「觀測到什麼光出來」的清單，他精心闡述的法則，「是不折不扣的女巫乘法表……聰明得很，而且因為它極為複雜，更防堵了人家反駁說他不正確。」

　　權威物理學家的反對言論開始流傳開來。或許愛因斯坦是對的。畢竟，海森堡正在徹底顛覆所有人的理念。萬一他的黑爾戈蘭島「輸入光／輸出光」清單，真的只是暫時性的伎倆（計算上的捷徑），只能用到更好的說法出現為止，那怎麼辦？

優雅冷靜薛丁格

　　在海森堡初次面對愛因斯坦的這段期間，種種跡象顯示，老一輩的科學家比較占上風。1926 年 1 月，溫文儒雅的奧地利研究人員薛丁格發表了一組具傳統古典風格的方程式，在許多人看來，有了薛丁格方程式之後，似乎就再也不需要把原子內部的運動，貶為不可見的神祕領域了。如果他的方程式是正確的，似乎量子力學就會回歸到嚴格的因果物理學領域，那正是牛頓及愛因斯坦的地盤。如此一來，薛丁格就會損害到海森堡的堅持，海森堡認為只有徹徹底底的新觀念才是正確的，而這個新觀念甚至不以精粹的力學術語來描述原子的內在。

　　海森堡力圖反擊。但是每當他試圖在辯論中打敗薛丁格，不知何故，他總是輸得一塌糊塗。薛丁格比海森堡大十

薛丁格，大約在他1926年重大突破的二十年後。

幾歲，擁有維也納人的優越感及冷靜，迫使海森堡分心。
（他的私生活也是童軍般的海森堡絕對無法理解的。1925年
耶誕節，薛丁格在豪華的高山渡假勝地想出了他的方程式，
當時他的一個情婦陪在身邊，妻子也樂見他有伊人相伴。他
需要安靜時，就在兩耳輕巧的各塞入一顆珍珠。）

　　海森堡進退兩難：假如你已經有了重大發現，後來卻不
被採信，接下來該怎麼辦？在絕望中，他又回到自己最核心
的理念。他之所以遭批評，是因為他說「想追蹤電子在原子
內部遵循的明確路徑」，是白費力氣。好吧，那正是他要直
接面對的挑戰。他會更進一步研究，而不只是斷言人們無法
測量那些電子的行為；他會證明這一點。

海森堡從挫敗中再出發

　　除了遭到愛因斯坦輕視、受到薛丁格嘲笑，海森堡早先還曾受過另一次羞辱，激勵他為這項新挑戰做好萬全準備。海森堡學生時代是在慕尼黑大學的索莫菲德門下，才21歲的他，突然被召去考博士學位口試（這是獲得博士學位的最後一道步驟）。由於索莫菲德是物理學系人人敬重的系主任，而且海森堡是他的得意門生，大家都以為口試只是形式。但慕尼黑大學的教師陣容，也包括上了年紀的實驗學家維因（Willy Wien）教授。海森堡在考試前選修了維因開設的課程，但他幾乎每一堂都蹺課。他從來不喜歡實驗方面的工作，即將舉行的學位儀式讓他很興奮，何況，他知道自己比大學裡的任何人都來得聰明。一位無害的老實驗學家怎麼可能傷害得了他呢？

　　維因自認不再像從前那樣受人尊重，他的生活也過得比海森堡艱苦多了 —— 他在鄉下農莊長大，一場乾旱之後，他的父母不得不賣掉房產，而且他輟學很多次。他也深信，實驗是所有科學進展的真正基礎。索莫菲德是理論學家，如今享有一切的榮耀，維因無法攻擊他 —— 他的勢力太強了。然而，索莫菲德的學生可不一樣。

　　下午5點鐘，海森堡走進理論物理學研究所的研討室準備口試時，維因也在場，坐在有點擔心的索莫菲德旁邊。維因開始質詢時還算客氣，他問海森堡，某組新的電子實驗設

備如何作用。海森堡不知道。索莫菲德試圖轉換話題，提出理論方面的問題，這樣海森堡的數學知識就會讓他表現得很好。維因等他們說完，又回到他的客氣提問：海森堡先生現在或許可以告訴他，無線電電路如何作用？海森堡很努力的想答案，但是想不出來，因為這些細節他從來沒學過。接著維因又問他，示波器如何作用？最後，維因問道：海森堡能不能告訴他，普通顯微鏡如何作用？

兩個小時後，海森堡跌跌撞撞走出研討室，滿臉通紅，不願意跟任何人說話。他告訴父親，他的物理學職業生涯完蛋了。幸虧索莫菲德介入，給了海森堡高分，抵消掉維因給的相當於不及格的分數，海森堡才能拿到學位。

那是1923年的往事。現在，短短幾年過去了，1926年會見愛因斯坦之後，如果有一件事情令海森堡一直念念不忘，那就是：如何計算出顯微鏡可以把瞄準的物體放大多少倍，以及該過程究竟如何作用。他會利用這項認知來證明，沒有人可以找到電子在原子內部的詳細路徑。這也是駁倒薛丁格的好方法：「我愈思考薛丁格理論的物理部分，愈發現它令人厭惡，」1926年稍晚，海森堡向好友包立（Wolfgang Pauli）透露。他也跟恩師波耳說：「我有個想法，利用伽瑪射線顯微鏡的輔助，來研究『測定粒子位置』的可能性。」他開始進行前所未有的研究。

海森堡推論，如果愛因斯坦真的想要看到電子，他就必須用光波或某種別的能量照在原子上，才能照亮裡面的電

子。可是電子很小。如果光束很強，能量就會強過電子，使電子震動而離開原位。然而，如果光束很弱，就無法瞄得很準，因此不足以看到微小的電子。這就像是用胎壓計測量車子輪胎裡的氣壓，無論你多麼仔細，還是免不了會漏出一點點空氣，如此一來，測量的行為就會使讀數變得不正確。

海森堡設法證明，任何超高倍顯微鏡一定會遭遇同樣的問題：想要觀測電子而不影響它，這是辦不到的。如果你清楚看到電子的位置，你用來看它的光就會把它撞歪，這樣就沒辦法確認它原本的行進方向了。（這是因為個別的光束行進時，帶有明顯的動量「衝擊」：它非常微弱，卻足以「推動」微小的電子）。但是假如你想要輕柔一點，免得把它從正在行進的位置撞出去，那你就不會有足夠的清晰度，看不到它究竟是從哪裡開始的。

你可以選擇測量電子在哪裡，或是測量它行進時有多快、能量有多強，但你不能完全準確的同時測量兩者。關於這個完整的組合，你一定會有一點點不確定（測不準）。

這就是著名的「測不準原理」的基礎，由海森堡於1927年2月發表。它是無可辯駁的。它終結了幾個世紀以來的「宇宙遵循固有完美秩序」理念。它使物理學發生革命性的變化。

而愛因斯坦竟然與它無關。

第 十 七 章

與波耳之爭

　　愛因斯坦和其他大部分量子物理學家之間的紛爭，在
1927年10月的布魯塞爾會議上，首度來到緊要關頭。這
正是勒梅特強留愛因斯坦質問 Λ 的同一集會。彷彿對付
一組令人不舒坦的概念還不夠，現在愛因斯坦有兩組要對
付 —— 而其中一場仗，早晚會加深他打另一場仗的決心。

　　假如會議正好早一年舉行，愛因斯坦就會贏得眾多與會
同儕的支持。在那之前，對於海森堡提出的概念，許多與會
者的反應都和愛因斯坦最初的反應一致。1927年年初，海
森堡利用伽瑪射線顯微鏡的想像研究，得出了測不準原理，
在這之前，物理學家對於他的量子宇宙相關理論，都抱持懷
疑的態度。海森堡先前的計算，在解釋「電子對光的照射如
何反應」方面，竟然有如此的成就，他們和愛因斯坦一樣印
象深刻，但他們不相信，現實情況竟然如此不明確、如此模

糊難辨，以致在最細節的層面，我們不得不接受「永遠測不準」。

然而，1927年2月，測不準原理在會議召開的幾個月前出現了，頓時搶走愛因斯坦的許多潛在盟友。大多數物理學家皆認同，測不準原理似乎真的證明，原子內部本質上是看不透的。他們承認，看來海森堡一直是對的——這意味著，愛因斯坦必然是錯的。（他的許多同儕都知道，他對這位年輕科學家的理論很不以為然。）

立場迴異

愛因斯坦原本受邀為會議開幕，因為大家都很想知道，他會如何應付來自量子理論學家的新挑戰，以及他會如何捍衛他的因果論傳統觀點。不過他拒絕了。他沒有立場告訴所有歐洲科學家該想些什麼——還沒有，而且也不能以當初提出廣義相對論細節的那種權威方式。他的感覺仍然是一種預感，一種猜測，一股幾乎發自肺腑的信念，「內心的聲音」告訴他，世界不可能如此運作。

所以愛因斯坦在整個開幕式中正襟危坐，看著波耳站出來權衡這個議題。如今人到中年，波耳儼然成為支持海森堡派系的領袖。他年紀愈大，年輕時的怪模怪樣卻變得愈有魅力。他說話慢條斯理、輕聲細語，加上思考時停頓良久的習慣，為他的一番話增添了幾許威嚴。

波耳在會議開幕時致詞，重申歐洲科學家一直以來所經歷的變化（美國當時幾乎沒有什麼重要的科學家）。波耳回顧，自從中世紀經院哲學衰微，西方人花了不少心思，對物質世界加以推理。這種推理不受束縛，得到的結論在教會聽來未必順耳。相反的，這種推理是知識的探索，人們相信，它可以揭露大自然的一切真相，無論過程多麼艱辛，無論需要花上多少個世紀。這樣的探索歷程的基本理念是：在現實世界中，真相確實存在，而且終究可以被理解——無論我們希望理解到多麼詳盡的地步。

　　關於宇宙的確定性，似乎正是這些新發現正在破壞的理念。在波耳看來，這是相當確定的。傳統的絕對因果關係並不存在。我們或許認為，凡事都有確切的先後順序，有一就有二、有三就有四，譬如用力踢足球，它就會向前飛出去。但這只是因為，我們看到的是巨量「亞微觀接觸」的平均結果，每個接觸都是偶發事件。足球員起腳向前一踢，他球靴上的電子，變得非常靠近足球皮革表面的電子。這我們看得到，也看得懂。但那些電子當中，究竟哪些會互相排斥，使球飛射而去，絕對（甚至不是原則上）無法完全得知。

　　波耳堅持認為，測不準原理證明，這些次原子的行為是不可知的。微觀世界確實不同於我們習以為常的巨觀世界。在最小的尺度上，構成我們身體與行星的電子及其他粒子如何運作，皆由混沌及不確定性主宰。明確性在微觀層面並不存在。

多年來，愛因斯坦與不按牌理出牌且聰明傑出的波耳已經很熟悉了。1920年他們在柏林第一次見面時，波耳帶來了丹麥乳酪和奶油，在一個不久前遭到英國封鎖的城市裡，這些東西大受歡迎。另一次碰面是在哥本哈根，他們聊天聊得非常起勁（無可否認，大部分是愛因斯坦在等波耳，等波耳停下來組織他的激烈言論），以致他們坐有軌電車坐過頭，遠遠超過波耳家附近的車站，電車調頭回來，他們還是一樣又坐過頭。他們在自己的領域都是佼佼者，也都很欣賞對方。「一生中難得有這樣的人，只要有他在場就會讓我很開心」愛因斯坦有一次寫信告訴波耳。他不想因為嘲諷這個新理念最根本的基礎，當眾得罪他的老朋友。

只好在主會場外，等波耳公開致詞之後，愛因斯坦才開始反擊。

場外大作戰

波耳一開始就慢吞吞的，而且比愛因斯坦花了更多的時間，才點燃菸斗裡的菸草。（他隨身帶著特大盒火柴，方便點菸。）但他致力於物理學，而且在某種程度上，致力於「波耳教授」這個頭銜。他的父母親都很傑出優秀，成長時由於他們的人脈，波耳培養出了自信心，儘管其貌不揚，但他最善於操縱官僚體系，例如安排嘉士伯基金會（Carlsberg Foundation）贊助他在哥本哈根大學主持的知名研究所。該

研究所竭盡所能，藉由獎學金、補助金、發表論文等等，來支持波耳對海森堡及玻恩的結論所抱持的觀點。萬一他遭證明是錯的，那就很尷尬了。與其說波耳是思想上有新突破的領袖，還不如說他是為了顯得先進而趕時髦的中年教授。

不過，愛因斯坦能不能證明波耳是錯的？似乎有可能。愛因斯坦只要證明，如何建構一套機制，在違反測不準原理

愛因斯坦與波耳若有所思，
可能是在他們的朋友埃倫費斯特家裡，1920 年代末。

的情況下還能運作，這樣就夠了。假如他辦得到，就證明波耳對測不準原理的支持是一場空。愛因斯坦完成這件事的可能性非常高。畢竟，愛因斯坦是何許人也？他的「下降中的電梯」思想實驗，導致了驚人卻完全準確的「星光在太陽附近會轉彎」預測；1916年，他的另一項較次要的思想實驗，設想出一套機制，可以隨時隨地增強光 —— 這套機制，後來竟變成我們的雷射。誰說連他也解決不了這道難題？

然而，和波耳一樣，愛因斯坦也冒著很大的風險。物理學家往往從創造新概念，轉變成輕視任何新概念。48歲的愛因斯坦知道，自己正逐漸接近那個轉折點。他年輕時，當然受過遭人輕視的待遇。他的自我定義，完全取決於「不要遭人輕視」。他是改革者。他有獨立思想；他唯真理是從；他不想受制於他與愛爾莎同住的柏林公寓那種濃濃的資產階級風格，更不想受制於她那些趨炎附勢的朋友。他把明亮通風的閣樓當成自己的避難所；他穿著寬鬆的毛衣，在家裡經常打赤腳走來走去，不在乎訪客會不會覺得，這種隨隨便便的舉止有失身分；唯一限制他的，正是他所知道的「最細微的宇宙真實結構」。

他需要的正是一次成功的建構。甚至不必將它建造出來；只要他能用文字描述，向波耳及海森堡證明它行得通，這樣就夠了。只要他做得到，他就會回到他自己知道的歸屬 —— 在最前沿鞏固真理，而不是焦慮的沉湎於過去，只因為那正好是他所熟悉的。他骨子裡知道，宇宙最深處的結

構必定有因果關係；他深信這一點。那麼，該如何證明那是對的？

　　他可以使幾乎任何機械裝置發揮功能，這點很有幫助。他在專利局工作時，早就有分析最複雜裝置的多年實際經驗。這正是他此時採取的做法。

　　海森堡後來回憶，愛因斯坦如何著手展開攻勢。他說，他們當時都住在同一間旅館，愛因斯坦習慣在早餐時告訴其他人，他想到了他覺得可以破解量子力學的實驗。波耳、愛因斯坦、海森堡一起走到會議廳時，一路上開始分析愛因斯坦最新提議背後的假設。

　　海森堡回想當時：

「在白天的過程中，波耳、包立和我會頻繁討論愛因斯坦的提議，因此到了晚餐時間，我們已經可以證明，他的思想實驗符合測不準原理，所以不能用來反駁它們。愛因斯坦承認這一點，但隔天早上，他又會在早餐時提出新的思想實驗。」
每一次，新的思想實驗都比前一個更複雜，但每一次，到了晚餐時，其他人已經設法推翻它了。
「像這樣持續了好幾天。」

　　愛因斯坦的知己好友埃倫費斯特（Paul Ehrenfest）來自荷蘭，他也參加了1927年的會議，不久之後，他把這件事

告訴他在萊頓大學的學生。他很喜歡聽波耳和愛因斯坦之間的對話。他覺得愛因斯坦「彷彿是下棋者，」不斷想出新的例子。「他是永動機，一心想要突破不確定性。」但是還有波耳，他會「從一團哲理迷霧中」探出身來，不斷沉思默想，直到他想出可以破解愛因斯坦新例子的招數。有時候，愛因斯坦為了解釋為何量子力學一定是錯的，想出了特別令人費解的「實驗示範」時，波耳就會拚命思考，直到發現破綻為止，害埃倫費斯特幾乎整夜沒睡。

各有擁護者

會議最後以和局收場。愛因斯坦找不到扳倒波耳的反例，但是波耳依然很擔心，他押下重本的這個新理論，或許還是有弱點。

在回柏林的途中，令愛因斯坦聊以自慰的是，這場爭論並不只是年輕一輩與老一輩的世代之爭，並不是所有的年輕物理學家都站在海森堡那邊，只有老物理學家站在他自己這邊。第一站先到巴黎，這段旅程幸好有德布羅意（Louis de Broglie）同行，他是出身貴族的法國物理學家，比愛因斯坦年輕十歲，做過闡述量子力學背後原理的基礎研究，然而，他和愛因斯坦有相同的疑慮。德布羅意也認為，海森堡的解釋只是臨時步驟而已，無論如何，人們終究會發現，確定性的精髓正支撐著我們所看到的一切。（德布羅意的善意有個

人的理由,因為愛因斯坦已經確保他的博士論文通過,而他在論文中陳述了那些概念。)

海森堡等人由量子力學得出的計算結果相當準確,愛因斯坦及德布羅意都同意這一點,但如同愛因斯坦反覆強調的,「我相信,局限於統計定律將是暫時的。」兩人一路上聊了很久,聊到兩人都希望,他們結伴同行的旅程不要結束,在巴黎火車站北站月台,愛因斯坦重申他的觀點。德布羅意表示贊同,當他離開時,愛因斯坦在他背後大喊,「堅持下去!你的方向是對的!」

不過,1927年會議之後的那兩年,愛因斯坦開始看出,在這場量子之爭中,他的陣營逐漸喪失人氣。愈來愈多實驗示範似乎證明,量子力學是有效的。德布羅意本人只堅持到1928年,便參與了共識,認為波耳、海森堡等同陣營的人,肯定是對的。量子力學成為一種趨勢。不久將獲得諾貝爾獎的奧地利人薛丁格,是少數留在愛因斯坦陣營的科學家之一。

然而,到了1929年,愛因斯坦有充分的理由更加自信,儘管支持他的人愈來愈少。他其實是謙虛的人,知道自己的才智天賦不如一般公眾想像的那麼了不起。蘇黎世的格羅斯曼、哥廷根的玻恩,還有很多人,都是比他更厲害的數學家。

如果愛因斯坦真的有很好的物理見解,那是因為他的家人用這種獨特的方式栽培他,讓他的思想夠開明,足以批

判公認的觀點，卻又腳踏實地，製造燈泡、發電機，以及製造父親和叔叔賴以為生的其他所有機械。潛藏在他見解背後的，或許還有他祖先唯一且半遭遺忘的宗教信仰，尤其是這項假設：一定有秩序和確定性等在那兒，唯有在特定時刻，我們才有幸目睹。凡此種種，他只不過是幸運的受益者而已，他也知道，他「曾經」有能力超越表面現象，挖掘出隱含的原理，直到很久以後，實驗學家才發現他是對的。

愛因斯坦的 $E = mc^2$ 方程式，如今幾乎獲得普遍認同。但是還有更棒的事情。1927 年會議期間，儘管勒梅特來找碴，但在愛因斯坦看來，他的另一個偉大的公式，似乎還是有可能要加入 Λ 項：天文學家說對了，他那極其純粹的 $G = T$ 必須捨棄；他對於「純粹直覺力量」的信念是錯的。但是就在 1929 這一年，哈伯與赫馬森發表了他們的最新研究，指出愛因斯坦美妙的原始方程式終究是對的。

對愛因斯坦而言，哈伯與赫馬森的發現改變了一切。他們利用巨型 100 英寸望遠鏡發現的結論，指出 Λ 項根本不需要，這也證明他最初的直覺是對的，他在 1915 年的發現：「事物」改變幾何，被改變的幾何導引「事物」，絕對是百分之百正確。當時的實驗結果（全世界天文學家的所有假設）似乎顯示並非如此，但是假如愛因斯坦當初堅持到底，最後就會證明他是對的。

顯然，他相信自己這次可以堅持到底——然後再度證明出他是對的。他已經傾向於相信，宇宙必定是徹底可知

的。他的 Λ 項經驗，證明了他最初的直覺是有道理的，更令他信心大增。

無可否認，此時有很大的風險。英國散文家麥考利（Thomas Babington Macaulay）有一次準確但有點不謙虛的談到自己，說他有優秀的寫作風格，但離很差勁的風格其實不遠。他警告說，這代表他的讀者不宜仿效，因為假如他們出了哪怕一點點差錯，就會一敗塗地。愛因斯坦正在逐漸承擔類似的風險。一路走來，正是靠著相信「自己的直覺是對的」，才使他成為近代最偉大的科學家。然而，僅僅抱持這種做法，意味著他的自信心很容易跨越界線，成為純粹的教條主義。更重要的是，在這些議題上，他比以往更不受拘束。在他的蘇黎世大學時代，他必須對前人的智慧結晶做出回應，和格羅斯曼在一起的那幾年，他必須對好友的卓越數學天分言聽計從，但如今他發現，自己擺脫了這些束縛，簡直快要無法無天。

當然，除非愛因斯坦果真是對的。不過，還沒有人明確知道。

愛因斯坦出妙招

全世界的頂尖物理學家，每隔幾年才會聚集在布魯塞爾一次。由於 1927 年會議以和局收場，當下一屆會議於 1930 年 10 月舉行時，大家的注意力都集中在愛因斯坦和波耳身

上。他們堪稱是他們這一代的兩大學術巨頭。他們會再度交鋒，像上屆會議那樣嗎？

愛因斯坦知道，這是他挽留物理學家站在他這邊的最後機會，尤其是年輕的一代，他已經和他們認識這麼久了。然而1930年，如同上屆的會議，他在主要會議上依然保持沉默；還是一樣，他只在那些全體大會的場外，私底下反駁波耳。在此同時，這位丹麥科學家憂心忡忡。

波耳有預感會有大事要發生了，但他該如何應戰？他只好相信，最新發展的量子力學夠強大，足以抵禦任何事物。海森堡也嚴陣以待。如同弈棋大師棋逢對手之際，他與波耳等人盡力謀劃每一道防線。

愛因斯坦想必也花了很久的時間準備，不論是在他的柏林書房或在鄉間別墅哈菸斗時都在思考，因為他想出來的招數精采極了。

量子力學的核心，正是海森堡的測不準原理，此原理似乎限制了我們在微觀層面期望看到的細節。少了那些細節，我們永遠無法完全確定，接下來到底會發生什麼事。海森堡最初提出他的原理時就說過，人們無法完全準確的同時測量粒子的動量和位置。正如未來的諾貝爾獎得主包立所言，這就好比是：我們可以用左眼看物體的動量，用右眼看它的位置，但是如果我們想要保持兩眼同時張開，就只會看到一片模糊。

先前想要迴避海森堡原理的種種嘗試都失敗了，原因跟

試圖使用胎壓計卻無法量到完全準確讀數是一樣的：使用胎壓計的行為會使輪胎漏氣，因此改變了輪胎裡頭的壓力。愛因斯坦的新想法是：退一步，從更遠的地方觀看「輪胎」，不使用任何一種胎壓計，或是會干擾輪胎的其他裝置。

愛因斯坦的做法，相當於只秤輪胎的重量，而不測量從輪胎漏出的任何空氣。他想到一個辦法來做這件事，因為最新的研究也顯示，海森堡的原理意味著，人們可以測量粒子的能量，或是測量粒子具有該能量的確切時間，但是兩者不能同時測量。這項有關測不準原理的新發現，使愛因斯坦得以發動最猛烈的攻勢來反擊。

為了布魯塞爾的最新思想實驗，愛因斯坦想出了一套裝置，他從前的專利局老主管哈勒先生，想必也會引以為傲。他和波耳從主要會議的會場走出來之後，他告訴波耳：想像有一個箱子，裡面有一大團輻射飄浮著，這團輻射可以想成是光子。箱子的某一面有一個微小的快門，由非常精準的時鐘控制。整個裝置放在磅秤上，這樣就可以秤出重量。當時鐘指到特定的時間，快門就會打開，釋放出一個光子，然後關上快門。秤出這個箱子在釋放光子之前與之後的重量，用這種方式，失去多少質量就很明顯了。

如此一來，我們便知道失去的光子帶有多少能量：磅秤告訴我們的，因為質量等同於能量。我們也知道光子飛出去的時間：時鐘告訴我們的。假如海森堡的測不準原理是對的，這件事情就絕對不會發生。由於時鐘和磅秤之間沒有關

連（不像胎壓計，測量時會干擾精確度），海森堡的論點算是毀了。確定性是可能的。古典的因果世界得救了。

波耳知道，自己思考儘管比較深入，但比大多數人都慢。但他的習慣是至少感覺一下問題的解法可能會是什麼樣子。然而，對於愛因斯坦的「光箱」，他卻什麼解法也想像不出來。光子從快門飛出去。時鐘記錄時間。磅秤動了一下。時鐘和磅秤離得很遠。

這該如何與海森堡的測不準原理達成一致？

愛因斯坦的思想實驗令波耳措手不及。如同一位同儕回憶，「〔波耳〕極度懊惱，整個晚上逢人就問，極力說服所有人，這不可能是對的……但他想不出任何反駁。我永遠忘不了，這兩個對手離開會場時的情景：愛因斯坦頗具威嚴，帶著一絲嘲諷的微笑，從容的走出去，波耳跟在他旁邊一路小跑，非常沮喪。」

那是愛因斯坦最後一刻的榮耀。波耳幾乎熬了一整夜 —— 無疑硬拉著研究生或其他不幸路過的任何人求救，喃喃自語，試圖想出解法。海森堡先前曾經形容，一旦波耳專注於某個問題，「他不會放棄，即使經過幾個小時的苦思掙扎。」這回也是如此。

第二天早上，波耳想出解法了。當快門打開、光子飛出去時，箱子的質量變小。但我們測量的是箱子的重量，這代表箱子一定是在磅秤上。當光子飛出去時，磅秤上升了 —— 幅度非常小，但至少上升了一點點。這代表它在地

球重力場的位置高了一點點。根據愛因斯坦自己的相對論，在較強與較弱的重力場中，時間被視為以不同的速率作用。

　　波耳寫出計算過程，一旦待在旅館的所有人（波耳、海森堡，大概還有埃倫費斯特以及其他人）看到這是怎麼回事，值得稱道的是，愛因斯坦還幫他們補充細節。一起計算

愛因斯坦及波耳參加1930年布魯塞爾會議，
照片是埃倫費斯特拍的，
可能正是愛因斯坦提出他的「光箱＋時鐘」實驗，
但波耳尚未加以分析的那一天。

完之後，愛因斯坦與波耳的結論是：秤重的不確定性，因為這微小的重力變化，正好足以完全符合海森堡測不準原理的預測。

愛因斯坦忽略了他自己的相對論——而波耳竟然利用它，來反擊愛因斯坦捍衛因果論使出的最後一招。這是致命的一擊，更令愛因斯坦痛苦的是，這是「以其人之道，還治其人之身」。它的含意再清楚不過了。早在1916年，愛因斯坦曾經假設，利用機率來描述光子在設備中如何作用（例如他的雷射雛型），只不過是暫時的手段而已，一旦科學更進步，而我們的知識增加了，就會棄之不用。如今，那樣的美夢已然幻滅。

結局令海森堡興高采烈。他看到愛因斯坦最後死守的堡壘崩潰時，他寫道，「我們……知道，現在我們可以站得住腳了……量子力學的新詮釋，可沒那麼容易被扳倒。」

波耳這個人比較謙虛，但他那客客氣氣、呢呢喃喃從喉嚨擠出的要點很明確：他贏了。愛因斯坦輸了。

插 曲 四

音樂與統一性

　　愛因斯坦再也不參加這種會議了；再也不想在公開辯論
中反駁波耳和海森堡了。然而，他也沒有改變自己的信念。
他依然堅信：全世界的實驗學家都錯了，他們的發現是不完
整的。

　　他用音樂來安慰自己，他一向如此。愛因斯坦喜愛大多
數的古典曲目，即便他對大部分的作曲家都有意見。「我總
感覺，」他寫道，「韓德爾很好（甚至可說是完美），但他
有一點淺薄。」舒伯特也沒通過他最嚴格的考驗。「舒伯特
是我的最愛之一，因為他表達情感的卓越能力，以及他旋律
創作的強大威力，」愛因斯坦承認。「但是他的大型作品缺
乏一定程度的結構形式，令我心煩意亂。」

　　缺點真是不勝枚舉。「舒曼的小品很吸引我，」愛因斯
坦寫道，「因為它們的原創性與情感之豐富，但他少了莊嚴
博大的氣勢，令我無法充分享受……我覺得德布西很細緻
多彩，但〔也〕顯出結構之貧乏。」總而言之，他寫道，
「那種作品激發不了我的熱情。」

這些偉大的作曲家，怎麼可以缺乏巨觀世界的統一性？他知道，這種統一性正在某處等待發現。只有巴哈及莫札特達到了那種境界。這兩位作曲家具有某些過人之處。「要我說〔哪一位〕對我而言更重要，這是不可能的，」愛因斯坦寫道，但他肯定知道的是，其他人都比不上他們。舉例來說，貝多芬或許一向被認為是最頂尖的作曲家，不過雖然愛因斯坦發現他很厲害，但貝多芬也「太戲劇化，太個人化了。」他的作品很隨心所欲，因為人類的情感，取決於我們的身體和我們的個人經歷。然而，莫札特超越了個人情感的境界，他的音樂「如此完美無瑕，彷彿始終存在於宇宙中，等著這位大師來發現。」莫札特的作品，感覺上更「不可或缺」，讓我們看見了柏拉圖式的真理境界，這境界遠遠超越了任何人的個人機遇。

愛因斯坦在巴哈及莫札特的音樂中追求的，正是他在其他方面找不到的。在他的感情生活上，在他的婚姻上，尤其在他的事業上，愛因斯坦都沒能找到任何長久、確定的事物。由於他的確定性之夢及接觸真理之夢依然縈繞不去，以致他的挫敗更令他飽受傷害。

在一封接著一封信上，他用許多角度來檢討自己先前的研究，顯然都證實他的美夢是有憑有據的。1905 年的 $E = mc^2$ 指出宇宙中有確定性，因為它用最詳細的方式描述，物質和能量究竟如何互相轉換。他的 1915 年偉大方程式 $G = T$，也是一樣的明確。質量使空間扭曲。扭曲的空間導引質

量。既然這道方程式也如此明確，怎麼會牽涉到任何隨機的機率？G＝T的十足簡單性是不容忽視的。那年冬天在柏林，愛因斯坦最初完成他這道方程式的研究時，精疲力盡卻又心滿意足的寫道：「真正瞭解這個理論的人，幾乎都逃不過它的魔力。」他自己依然無法自拔，繞著它團團轉。

沒錯，愛因斯坦本身一度質疑G＝T核心的簡單性（1917年至1929年這段期間，當他的Λ項錯誤還在的時候），但這項質疑終究證實是沒必要的。除此之外，雖然愛因斯坦1930年在布魯塞爾或許受了委屈，但他還是念念不忘，他的同儕早已一再證實他的其他研究，如此一來，更支撐他相信宇宙固有的確定性。透過加州山區的巨型望遠鏡，赫馬森測量了遙遠的星系，發現無數恆星正飛離我們而去。這一點也不含糊，而且這正是簡單原始的G＝T所預測的。這樣的信心鞏固有助於解釋，為何1930年會議結束將近十年之後，愛因斯坦依然一派輕鬆的告訴親近的助理，「當我判斷一項理論時，我捫心自問，假如我是上帝，我會不會以這種方式來安排世界？」

愛因斯坦對自己判斷宇宙架構的能力很有信心，但這也有潛在的危機。偉大人物愈受尊崇，愈容易否認現實——正如愛因斯坦目前的所作所為，而且這些作為在某種程度

上，恐怕連年輕時的他也會不贊同。

　　愛因斯坦有一次向老友索洛文（熱心的羅馬尼亞人，愛因斯坦1902年在柏林刊登數學物理家教廣告，他就是第一個回應的人）描述，他覺得所謂的創意是怎麼來的。我們從周遭的實際現象開始，愛因斯坦寫道：那是經驗世界，我們在此體驗到我們的一般感受。憑著一股想像力，思想家得以從那樣的根基，提升至更崇高的普遍原理。然後，為了確保那些原理是對的，我們必須依照那些原理，想出詳細的主張（或命題），並且在經驗世界裡一一測試。

　　這正是愛因斯坦研究 E = mc^2 所依循的程序，他在論文中陳述這道方程式的預測，然後提議拿巴黎居禮夫婦使用的鐳鹽來檢驗。這也是他研究廣義相對論所依循的程序：這是想像力的一大躍進 —— 利用「下降中的密室」思想實驗，建立一套既清楚又抽象的理論，然後從理論中得出可測試的詳細結論，比方在1919年日食期間，愛丁頓所檢驗的關於空間彎曲的結論。

　　雖然愛因斯坦經常提到，這依然是很適當的程序，但他也逐漸表達相反的理念。如同他在1938年寫信跟老同事說的，「我一開始抱持著懷疑的實證主義（skeptical empiricism）……但重力問題使我轉變成……在數學的簡單性中，尋覓真理的可靠來源的人。」隨著他的研究繼續進行，愛因斯坦漸漸忽略了他當初較為「實證性」的做法。「〔量子論〕說了一大堆，」他寫道，「卻並未真正使我們更

接近『舊有的』奧祕。我相信，無論如何，祂不是在玩骰子。」他認為，上帝在設計宇宙時，肯定是遵循一套理性的計畫。實驗的結果不會違背那樣的計畫。

　　布魯塞爾會議發生的任何事情，顯然都改變不了他的心意。如果改變的話，他的整套理念架構就會粉碎。但當他說「上帝不跟宇宙玩骰子」時，波耳竟然回答，「愛因斯坦，不要告訴上帝該做什麼！」──對於宇宙如何運作，以及對於他們本身瞭解宇宙神聖之道的能力，這兩個人都抱持著截然不同的觀點。

　　他們之中，只能有一個是對的。

第六篇

最後一幕

1950年代初，愛因斯坦攝於普林斯頓大學。

第 十 八 章

流離失所

到了1950年，在最後一屆布魯塞爾會議過了二十年之後，哥本哈根大學的波耳研究所成為全世界的物理研究重鎮。儘管波耳在1930年贏了愛因斯坦，但這位高大的丹麥人並沒有受到教條主義的誘惑，他的博大胸懷，吸引了最優秀的新生代。來自哈佛大學、加州理工學院、劍橋大學的年輕人，在他們的研究所期間或畢業之後，積極遠赴哥本哈根大學待一兩年，以便投身於令人興奮的氛圍，和備受尊崇、平易近人的波耳教授分享彼此的想法。跟他交談需要非常專注，因為不管波耳想要說哪一種語言，他的口音還是脫不了丹麥腔。但這並不重要。研究所的青年才俊來自那麼多國家，以致他們打趣形容研究所的官方語言是「破英文」。

波耳在丹麥是英雄人物。二次大戰世界爆發後，在德國占領的最初那幾年，他仍然維持研究所的運作，一直待到

1943年，才由從瑞典飛來的英國皇家空軍（RAF）祕密運輸機偷偷撤離，他有猶太血統及政治重要性，再待下去就太危險了。波耳個子特別高，人又太過客氣，他在RAF飛行途中差點沒命，因為他被藏在炸彈艙裡，本來說好，萬一出了什麼事要用麥克風告訴飛行員。當他吸不到氧氣（因為他的頭太大了，氧氣面罩套不下）時，麥克風傳來一陣嘀嘀咕咕及有禮的喘息聲，聽起來和他先前的通話一樣聽不太懂，然後他就昏過去了，等到飛行員發現怪怪的，想說怎麼這麼安靜，趕緊俯衝降低高度，低層大氣的空氣沒那麼稀薄，有足夠的氧氣保住波耳的命，他這才清醒過來。

波耳被找去協助曼哈頓計畫建造原子彈，他曾試圖（雖然不成功）警告英國首相丘吉爾與美國總統羅斯福，這種武器會造成的危險。他建議應該先進行示範，或是建立國際性的管制措施，卻都無濟於事。大戰最後那幾天，美國在廣島與長崎投下炸彈時，等於是這些可怕的機器首度公開展示於世人面前 —— 歸根究柢，這項致命的武器，竟是在愛因斯坦的理論，以及波耳等許多人的實際努力下誕生的。

波耳始終覺得，如同他曾經說過的，我們應該「在人生這齣大戲裡，同時扮演觀眾和演員」。有了體貼的妻子支持，加上他坦蕩開明的性格，而且丹麥一般來說還算安全，在政治上與科學上，他都盡力扮演旁觀者和參與者，同時與歐洲最崇高的理想保持一致。他在衝突中不僅全身而退，而且他的公眾地位更高了，至少是前所未有的高。

海森堡節操不保

　　相反的，在戰爭期間，德國物理學家海森堡卻使自己蒙羞。較為世俗的物理學家不時取笑他，因為他多年來與激進的青年團體在鄉間到處遊蕩。但是，那些徒步旅行並不像表面看來那麼無關痛癢。那些參與者愈來愈感覺到，這是親近祖國泥土的方式，也是有助於保護國土免受外人（例如猶太人和外國人）危害的方式。雖然海森堡曾試圖挺身維護他的幾位同事，這些人因身為猶太人而被免除了學術職務，但後來他受新納粹政府延攬，接下技術部門的指揮職務，顯然頗為得意。這職務有新的研究群要管理，有龐大的預算要支配，又有神奇武器的願景，可確保德國永遠戰勝敵人。

　　大戰期間有一度，仗著納粹黑衫軍就在附近，海森堡竟然衝進哥本哈根大學的波耳研究所，信誓旦旦的解釋，未來會是誰的天下（在戰爭早期，當時的德國正在崛起）。波耳還在那裡，他聽了大為震驚。為了應付德國的劫掠，他已經開始為研究所做好準備，包括藏匿兩位猶太成員的金質諾貝爾獎牌。（根據德國法律，竊占猶太人擁有的財物是合法的，如果擁有者試圖保有自己的財物，例如把獎牌運到國外，他們或任何幫助他們的人皆可遭到逮捕，並依法處以酷刑。）波耳在曼徹斯特大學時代結交的好友赫維西，當時人在哥本哈根，他急中生智，想出了理想的藏匿處。他把亮晶晶的金牌溶解於硝酸與鹽酸的混合液中，生成一團毫不起眼

的褐色爛泥，他把這團爛泥存放在架子上，直到戰爭結束。

　　那就是興奮的海森堡現在得意洋洋代表的德國政府。他打造測不準原理的豐功偉業，使他受到納粹當權派的器重，幾乎可以為所欲為。波耳不知道，不久海森堡竟然強迫薩克森豪森集中營的女囚犯，為他的實驗製造有毒的鈾粉末，害她們工作到死。但波耳是文明人。波耳現在算是看清楚了（帶著鄙夷的眼光），儘管海森堡懂音樂、受過教育、有數學才華，卻不是文明人。

猶太人朝夕不保

　　海森堡的老教授玻恩因為是猶太人，無法像他的學生那樣安然度過戰爭；他必須逃離德國。在1930年的會議當時，海森堡津津樂道的青年團體已經愈來愈壯大了，那年選舉，寧靜的哥廷根大學城裡，約有三分之一的成年人投票給納粹黨。有一個特別激進的學生團體開始清查洗禮紀錄及戶籍資料，看看哪些教授其實是猶太人。他們擬好詳細名單，出版了《猶太人對德國大學的影響，第一輯：哥廷根大學》。短短幾年之後，類似的名單竟用來屠殺猶太人。

　　玻恩在德國快要活不下去了，尤其是當他試圖尋求同儕的支持時，他們幾乎全都棄他於不顧。最後他輾轉逃到蘇格蘭，在那裡成為培育英才的好老師。他的女兒嫁給英國人，冠了夫姓紐頓強（Newton-John），後來搬到澳洲，他們的小

孩之一，正是功成名就的歌手兼演員奧莉薇亞・紐頓強。幸好當時玻恩逃走了，因為在納粹政府的崛起過程中，知識份子和其他的知名猶太人，顯然格外受到威脅。

1933年，玻恩還在德國，希特勒有效控制了德國國會，大量支持納粹的學生可以毆打猶太人卻不受懲罰。玻恩的女兒在街上受到威脅。後來，在當年5月10日那天，全國各地包括古老的大學城，一大堆書籍竟然被拿來當柴燒，那是自從中世紀以來無法想像的情景。

最龐大的焚書群眾聚集在柏林的歌劇廣場，就在歌劇院附近。學生爭先恐後從圖書館或民宅搶來一車一車的書。宣傳部部長戈培爾（Paul Goebbel）在午夜到達現場，開始全國的廣播演說：「德國的男男女女！……在這午夜時分，你們做得很好！將過去的邪惡精神付之一炬！」戈培爾的攝影師在旁邊待命，準備捕捉即將在全國各地展示的畫面：火焰前的歡樂，人群中的狂喜。同一天晚上，哥廷根的學生群眾也忙著自己的焚書行動。

愛因斯坦的書被扔進熊熊烈火中，人們特別高興，因為他是最有名的猶太知識份子，並且代表自由主義與理性探究的精神，那正是這個新政府堅決反對的。「猶太唯智主義的時代，已經走到了盡頭！」戈培爾在柏林的歌劇廣場向國人宣布。接下來會發生什麼事，很容易看得出來。

遠度重洋

　　1932年年底，也就是愛因斯坦的書在歌劇廣場焚書大會慘遭焚燒的前一年，愛因斯坦和愛爾莎早就去他們柏林郊外的鄉間別墅了 —— 那裡，是他的風流韻事令愛爾莎飽受折磨的地方；是她喜歡悠閒漫步、採蘑菇，與家人共進晚餐的地方。如今，他們在那裡收拾他的論文，還有她最貴重的財物。美國加州帕薩迪納的加州理工學院已經給了他一份工作，而紐澤西州普林斯頓大學新成立的高等研究院，提供的條件似乎更好。

　　愛爾莎善於閱人，但她的直覺卻察覺不出她的祖國到底是怎麼回事。她和愛因斯坦以前去過美國訪問，甚至在他去講學好幾個月時曾停留更久。想必這次也是一樣吧？

　　愛因斯坦搖搖頭。愛爾莎什麼都不懂。「看看妳的周圍吧，」他事不關己似的說，「這是妳最後一次看到這些了。」

　　愛因斯坦和愛爾莎離開他們的家。隔年的焚書事件之後，暴徒破門而入，將可惡的教授留下的財物洗劫一空。愛爾莎後來才發現這件事。當時她人在比利時，她和丈夫正受到武裝人員的保護，準備遠渡重洋，航向美洲。

第 十 九 章

普林斯頓的獨行俠

　　從1933年至1955年，愛因斯坦在普林斯頓度過餘生，昔日封閉保守的大學城，如今已成為先進繁榮、平等主義者的避風港。愛因斯坦剛去的時候，天主教徒很少，猶太人更少，而且黑人不許在那裡教書或念書。普林斯頓的教師自視甚高，雖然對他們大多數人而言，普林斯頓給予的威望，絕對比不上他們在當時真正重要的學術機構可能享有的，譬如在蘇黎世、柏林、牛津的那些機構。

　　不像普林斯頓，那些機構正是世界級科學家的所在地，他們做的都是非常重要的研究。普林斯頓的教師聚會尤其荒謬，有些教授很會擺架子，即使是愛爾莎的社交名流朋友，恐怕都會覺得太過分：他們竟然讓藍領階級的紐澤西男子，打扮成穿制服的侍者，而且用精緻托盤端來香檳時，他們還得鞠躬。愛因斯坦寫信給比利時的友人，形容整個環境彷彿

「古樸而拘禮的小鎮，一堆自命不凡的人，在那裡昂首闊步大搖大擺。」

融入小鎮生活

這個紐澤西小城裡的尋常百姓就親切多了。當偉大的美國黑人歌唱家瑪麗安·安德森（Marian Anderson）遭當地旅館拒絕入住時，愛因斯坦邀請她住在他家，結果發現不但沒有遭人排斥，他的幾位鄰居反而悄悄支持他。他們很喜歡與這位和藹可親的歐洲人為鄰。

事實上，在普林斯頓的第一天，愛因斯坦走進一家冰淇淋店，他知道自己的英語幾乎沒人聽得懂，恐怕會雞同鴨講，於是用大拇指指著一名學生，這學生用一種很好玩的「攜帶裝置」裝著冰淇淋，然後指了指自己。

這是愛因斯坦第一次吃香草冰淇淋甜筒，為他送上冰淇淋的女服務生後來告訴記者，這是她生平最難忘的事情之一。然後愛因斯坦信步走到外面，買了一份報紙，報紙上正好報導美國記者對他的行蹤如何窮追不捨（他從遠洋輪船一下船，便由拖船直接送到曼哈頓的一個小碼頭，然後迅速前往普林斯頓大學，免得在曼哈頓主要碼頭公開露面），這件事更增添了他的魅力。

日子一天一天過去，他教附近的小孩數學；耶誕節，他和唱聖歌的人一起出去拉小提琴；他買了一艘船用來渡假，

將這艘約五公尺長的小船鄭重命名為 Tinnef（猶太語的意思是「破銅爛鐵」），和從前一樣，他會駕著小船，漂流幾個小時，這樣他就心滿意足了。他和愛爾莎還是不太恩愛，但在這片有「飛蛇」的土地上，兩人相依為命，生活過得還不錯。她的眼睛和腎臟相繼出了問題，當時她寫信跟朋友說：「我的病讓他一直很沮喪……我從來沒想過他這麼愛我。這讓我很安慰。」

物質生活上也很享受。愛因斯坦夫婦住在柏林那時候，連電冰箱都沒有，這裡似乎家家戶戶都有一台。早上燒熱水洗個泡泡浴也很容易，這真是一大樂事。住在紐澤西州的鄉下地方，他早餐常吃的單面煎熟雙荷包蛋，價格實在太划算了。「我已經在這裡安頓下來，日子過得很愜意，」愛因斯坦寫信告訴老友玻恩，「我在冬眠，像是熊在洞穴裡那樣，比起我以前的各種生活方式，這裡真的更有家的感覺。」

不過，愛因斯坦在其他方面也在冬眠。他曾經微妙的遊走在倔強與柔韌之間，如今他的思想卻變得愈來愈封閉。以他的觀點來看，他當然別無選擇。「我還是不相信上帝會擲骰子，」即使在美國住了這麼多年，他還是這麼說。「因為假如祂想要這麼做，祂就會貫徹始終，而且不拘〔任何〕形式。徹頭徹尾堅持到底。在〔這種〕情況下，我們根本什麼定律都不用找了。」

他那些遠在歐洲的朋友，紛紛懇求他重新考慮自己的立場。所有的新發現都支持海森堡及玻恩的次原子詮釋；沒有

任何證據支持他。研究指出,科學家可以用比往更詳盡的方式來審視世界,但是在最核心處,不會有任何必然性、保證性、確定性,反而會有本質上的模糊性、不確定性 —— 從宏觀角度來看,那些作用似乎是不可能的。

愛因斯坦堅持認為,那些研究發現只不過是暫時的,有朝一日勢必會被推翻。然而,愛因斯坦斷絕了自己與所有那些支持數據的關係,因為他發現,那些數據與他的觀點格格不入;從前 Λ 項的整段插曲,讓他覺得自己的無動於衷合情合理。如此一來,他也斷絕了自己與學術界的關係,而那是他還想追求的。雖然普林斯頓的教師大多華而不實,但是有幾位研究人員,若能跟他們合作,他也許能做出正經的研究,如同波耳在哥本哈根正在做的那樣。

舉例來說,普林斯頓的主要物理學系距離高等研究院不過幾個街區,那裡當時進行的研究,正是後來所謂的量子穿隧(quantum tunneling):將一個電子放在牆壁前面,根據傳統物理學,電子可能稍微晃動但應該會留在原位。不過,根據海森堡測不準原理彙集而成的見解,測量該電子的速度,就無法確定它的位置,因為對電子速度進行任何測量,都會妨礙到電子位置的精確讀數。這代表的意思是,雖然電子還是有可能留在牆壁前面,但是當你下次看的時候,它也有可能出現在牆壁後面,過程中不見得要穿牆而過。

要是這種量子效應在宏觀世界裡也隨處可見的話,人人都能穿牆而過了,無論是磚牆、金屬牆,還是石牆。薄薄的

鋼板牆很容易穿過；倫敦國王十字火車站的牆壁恐怕會難一點；奔向馬特洪峰的一側瞬間穿越整座山呢？這種事情，只好留給最有冒險精神的人了。以這些例子而言，問題不只是穿越那些障礙物而已。相反的，假如量子穿隧的法則適用於這種尺度，首先你會在物體的某一側，接著，你會瞬間出現在另一側。

愛因斯坦直覺認為，這是不可能的。然而，根據追隨海森堡、波耳、玻恩的研究人員蒐集的數據，這種事情真的發生在我們的現實世界裡。普林斯頓物理學系人員也在進行這項研究，他們很崇拜愛因斯坦，巴不得有機會能和他合作。他們的研究最終有助於電晶體的發明，如今電晶體正在我們所有的電話及電子設備裡運作。但是愛因斯坦不肯面對新量子力學的這些奇特後果。量子穿隧的發展，以及電晶體革命，都沒有愛因斯坦的份。

頑固是絆腳石

愛因斯坦的個人經歷造就了他，讓他發現相對論，卻也讓他無法接受不確定性。而現在，如同許多著名人物 —— 名利雙收，老友遠去，沒有任何力量可以逼迫他重新考慮了。

現年五十幾歲的愛因斯坦，反而開始愈來愈專注於他所謂的統一場論（unified field theory）。維多利亞時代的偉

大科學家，早已設法綜合有關宇宙能量的已知部分，將那些知識融合成能量守恆的概念，也就是說，無論能量是氣體爆炸產生的，或是用力關上車門產生的，所有的能量都彼此相通，都不能被創造或破壞，只能轉換。1905 年，利用 E ＝ mc^2，愛因斯坦進一步延伸此概念，指出不僅所有的能量形式互有關聯，而且所有的質量形式也互有關連。1915 年，他又利用 G ＝ T，指出空間的「幾何」也和包含在所有「事物」裡的物質與能量互有關連。

愛因斯坦曾經使物理學領域突飛猛進，在人們記憶中，誰也比不上他。但是，假如他能更進一步證明，電子本身只不過是重力和幾何的另一面，那會如何？那絕對會是劃時代的成就，並且有助於向批評他的人證明，在更廣泛的現象之間，可以找到明確的因果關係。

至少，這是他的統一場論背後的目的，不過，此時他的頑固又跟他作對了。

愛因斯坦在蘇黎世念大學的時候，他的教授韋伯曾經說過，「你是聰明的孩子，愛因斯坦，是非常聰明的孩子。可是你有一個很大的毛病：人家說什麼，你都聽不進去。」那時候愛因斯坦的牛脾氣是優點，絕對不是大毛病，因為韋伯故步自封，只知道 19 世紀中葉的物理學，愛因斯坦需要反抗像韋伯那樣的老師，才能成就偉大的事業。如今他年紀也不小了，一開始的小毛病（如果有的話），早已成為更嚴重的毛病。

發現原子內部的新粒子，可說是當代的重大突破，由於愛因斯坦對量子力學的最新發現避而遠之，他也將自己隔絕於這項突破之外。任何統一場論要能說得通，便不得不納入那些研究成果；少了它們就不可能成功。愛因斯坦承認這一點；事實上，他的論文經常寫到一半就寫不下去了，因為人家要求他根據新的實驗證據來判斷。現在，他不但沒有要求用實驗來測試他的理論，而且，由於統一場論與任何研究人員從事的研究都相去甚遠，這根本是不可能的事情。他既不回應新的研究成果，也不提出新的詳細實驗。他的統一理論之夢，已證明是不可能實現的。

孤 獨 的 英 雄 路

愛因斯坦堅持走自己的路，這不再是英雄式的自信；這其實是不講理的頑固。然而他憑著一股蠻勁堅持下去，月復一月，過了將近二十年。

如今愛因斯坦辛辛苦苦獨自研究，或只跟優秀卻唯命是從的研究生助理一起工作，事實上，這也讓他自我隔絕於新的分析工具之外，使他的努力更是毫無意義。一位年輕訪客參觀他樓上的書房，看到工作檯上擺滿了論文，那些論文竟然還在使用格羅斯曼1910年代教他的符號，當時那些符號非常好用。到了1940及1950年代，為了核物理學方面的新研究，物理學家用的是截然不同的數學形式。然而，以前這

些舊工具曾為愛因斯坦締造種種奇蹟，他捨不得放棄它們。

這真是悲哀，因為愛因斯坦的思維依然寶刀未老。他在普林斯頓待了幾年之後，曾暫時拋開他的統一場論研究，回過頭來研究純相對論，他闡述了一種很壯觀的架構，稱為重力透鏡，認為整個星系可強烈扭曲周圍的一切，以致人們事實上可以看到星系後方更遠處的星光（那些光被星系擋住，我們應該永遠看不到才對），由於光受到這種扭曲的「牽引」，因而繞過那些星系。這個概念太驚人了，以致幾乎完全遭到忽視。

在其他研究方面，愛因斯坦振作精神，向量子論這個心腹大患發動最後的挑戰。1935 年，他和兩位年輕同事合作，試圖再寫一篇論文，指出量子力學的預測不可能是對的。他在論文中提出的概念，正是現在所謂的量子纏結：根據公認的量子力學法則，假設一個粒子分解成兩個行進非常快而相隔非常遠的粒子（假設其中一個粒子最後跑到太陽系的遠端或太陽系以外），在其中一個粒子上做實驗，可導致另一個粒子具有的某些屬性產生立即的變化。

在愛因斯坦的心目中，相隔遙遠的粒子竟然瞬間互有關連，這種離奇的概念，顯示出波耳、海森堡等人開創的領域到底「錯」在哪裡：很明顯，他們的理論隱含這種有悖常理的結果，意味著整個理論並不穩固。這在當時並沒有說服新一代的科學家改變看法，於是他放棄了。爭辯也無濟於事。雖然他偶爾還是會批評量子論，但他再也不會發起嚴正的行

動來反駁它了。

與量子力學最接近的時刻

1937年，愛因斯坦的長子漢斯阿爾伯特移居美國。他們之間不管有過什麼矛盾，早就已經煙消雲散了。愛因斯坦經常去南卡羅萊納州探望兒子，漢斯阿爾伯特在那裡從事水利工程工作，研究沉積物如何在河底淤積。他們會在森林裡漫步，閒聊兒子的學術研究。關於兒子的研究，愛因斯坦很開明，最後漢斯阿爾伯特成為加州大學柏克萊分校的教授，他記得當時父親依然很喜歡聽到新發明，以及巧妙的數學謎題。不過，如果話題一轉到量子力學，愛因斯坦就會摀起耳朵。他的看法完全定型了。

1930年代中，愛因斯坦一度有機會結束他的孤立狀態。他和奧地利物理學家薛丁格一直保持聯絡，雖然薛丁格向來是量子革命的重要人物，但他仍是極少數跟愛因斯坦一樣質疑量子力學概率詮釋的人之一。這兩個人也同樣有著放蕩不羈的生活態度。（「在牛津大學有一個妻子，已經夠糟了，」薛丁格傳記的作者提到他在那裡客座講學的時候，「〔但是〕有兩個簡直是遭透了。」）他們真正喜歡對方。「你是我最親密的兄弟，」愛因斯坦寫信跟薛丁格說，「你的用腦方式和我的非常類似。」

難得的是，薛丁格甚至延續愛因斯坦1935年的論文，

利用思想實驗來探討量子力學，旨在顯示量子纏結有多荒謬——量子纏結這個名詞，正是薛丁格首創的。根據他和愛因斯坦在信中分享的概念，薛丁格提出他的著名情境實驗：一隻貓關在密閉的盒子裡，盒子裡有裝了毒藥的小瓶子，以及某種放射性物質，瓶子裡的毒藥會不會釋放出來，取決於盒子裡衰變中的放射性物質會不會釋放出一個粒子。貓會死的機率為 50％，但唯一的確認方法，就是打開盒子。直到盒子打開之前，貓到底是活的，還是死的？

這個俗稱為「薛丁格的貓」實驗，如今用來解釋量子力學既詭異卻又真實的性質。然而在當時，這個實驗是認為在批判愛因斯坦長久以來所駁斥的整體觀念。薛丁格以真正的「愛因斯坦風格」，運用想像力對量子論發動猛烈的攻擊。

因此，愛因斯坦和薛丁格傾向於成為合作夥伴，有一段時間，他們似乎有機會進行更密切的合作。雖然薛丁格不是猶太人，但他和納粹之間的關係緊張，於是他讓物理學界每個人都知道，要是他能平安橫渡大西洋，在普林斯頓大學謀個職位，他會很高興。若是真能如他所願，薛丁格和愛因斯坦肯定會聯手合作。愛因斯坦對量子力學的想法，很可能獲得澄清，不過考慮到他的個性，他的態度不太可能大為軟化到像薛丁格最終那樣。因為雖然量子力學絕非「完全隨機」（諸如測不準原理等等，都是非常精確的），但是在量子力學的核心，它和愛因斯坦始終堅信不疑的「確定性」，依然相去甚遠。

與薛丁格失之交臂

然而，愛因斯坦和薛丁格可能會碰撞出什麼樣的火花永遠無人知曉了，因為高等研究院院長傅列克斯納（Abraham Flexner）此時竟然跟愛因斯坦作對 —— 不過，這件事和量子力學沒有任何關係。傅列克斯納支付愛因斯坦豐厚的薪水（難怪那裡也稱為高薪研究院），但是他費盡苦心，還是很難掌控他的當家明星。

愛因斯坦剛來的時候，傅列克斯納篩選了各方寄給愛因斯坦的信件，尤其是，他竟然替愛因斯坦回絕了訪問白宮的邀請，因為他認為這會令愛因斯坦分心。這件事激怒了愛因斯坦，不僅因為他討厭這種受人擺布的感覺（他在一封罕見強硬的信中寫道，這是一種「干預……任何有自尊的人都無法容忍」），而且因為院長愛管閒事，差點誤了愛因斯坦特別重視的一件大事。

納粹在歐洲的勢力漸強，在所有流亡者當中，愛因斯坦是最積極於想盡辦法讓難民逃離歐洲的人之一。為了支付普通家庭的簽證費用，他用掉自己大部分的收入；他寫了無數的推薦信，好讓普通教師（不只是精英）在美國找得到工作；他大力遊說改變政策，好讓更多同儕能夠移民。向美國政府最高層施壓的機會，竟然遭剝奪了，他一想到就無法忍受。

當愛因斯坦發現傅列克斯納做的好事，他寫信給羅斯福

總統，最後終於應邀至白宮用餐。如同當時許多受過良好教育的美國人，羅斯福會說一點德語，足以用愛因斯坦的母語進行交談。除了歐洲的局勢，他們也聊到駕船航行（兩人皆熱中此道），愛因斯坦夫婦還在白宮過夜。

愛因斯坦離開白宮時，為難民同胞陳情的案子有了進展──卻也在無意之中，毀了他在物理學界挽回聲譽的最後良機。傅列克斯納的管控竟然遭到質疑，這令他非常震怒，他知道薛丁格對愛因斯坦有多重要，於是刻意阻撓任何調任的機會，不讓兩位科學家如願以償。最後薛丁格只好去愛爾蘭的都柏林，在那裡一直待到愛因斯坦辭世那年。

1930年代的都柏林是相當窮困的城市，新國家愛爾蘭正以激烈手段自英國脫離，即使在那樣的孤立狀態下，薛丁格還是完成了愛因斯坦做不到的事情。薛丁格自認已經使盡全力提出最佳論點，而波耳等人竟然對所有的論點見招拆招，因此他只好甘拜下風，承認自己的直覺是錯的。他把自己的舊觀念擺在一邊，轉而探索生命的結構──他的研究見解獨到，有助於催生DNA研究革命，從1940年代開始一發不可收拾。

科 學 界 的 邊 緣 人

正是像這樣轉移到新的領域，從前曾經鼓舞愛因斯坦，現在或許也能幫他重振雄風──只要他能夠承認自己的錯

誤，或是至少把這件事完全拋諸腦後。但他似乎兩者都辦不到。少了薛丁格的協助，無法對量子論重新發動更可行的攻勢，他只好繼續漂泊，成為科學界的邊緣人。

愛因斯坦知道大家都避著他。雖然大眾媒體報導他的研究時激動莫名，辛苦研究的物理學家卻不以為然，如同尖刻的包立遠從瑞士所寫的一番話：「愛因斯坦再度對量子力學發表公開評論……眾所周知，每次他這麼做，都是一場災難。」據普林斯頓研究院另一位物理學家回憶，有人放話給那裡的科學家，叫他們「最好不要跟愛因斯坦合作。」當時他寫的一篇論文，竟然遭到《物理評論》（*Physical Review*）拒絕，這份美國期刊大約等同於德國著名的《物理學期刊》，由此可見，他的邊緣化程度有多嚴重。愛因斯坦不是那種仗恃地位的人，但這種事情，他以前從來沒碰過。

他假裝失敗和拒絕沒什麼大不了：「我是大家公認的老古板。我覺得這角色並不是太討厭，因為它和我的氣質挺相配的。」但是他很難假裝到底，與其忍受莫須有的屈辱，愛因斯坦似乎乾脆放棄別人正在做的物理學研究。

1939年，波耳在普林斯頓待了兩個月，當時愛因斯坦的冷漠顯而易見。兩人曾經是最親密的學術夥伴（「難得……有人讓我這麼開心」），但這次愛因斯坦幾乎完全躲著他：不出席波耳的演講，不陪最愛散步的波耳一起去散步，甚至不去系上喝咖啡，因為在那裡可能會不小心碰見昔日好友。波耳在研討會之後，忍不住上去找愛因斯坦，當時愛因斯坦

竟然只說些陳腔濫調。「波耳對這件事非常不滿，」一位與
會者回憶。

　　但愛因斯坦有什麼選擇呢？他們是同一輩的人，然而，
波耳仍是全球研究的核心人物。愛因斯坦不是。不理波耳，
意味著愛因斯坦還能保持自己的尊嚴。

　　不過，由於不理波耳，愛因斯坦也愈來愈孤立了；他
使自己孤立於種種發展之外，假如他聽得進去，這些發展說
不定會帶動他自己的統一場論研究。更誘人的是，倘若這些
發展有了愛因斯坦的參與，說不定可導致他在尋找量子力學
真相的過程中，做出重大的貢獻。可惜這些發展與他擦身而
過，正如他錯過了它們。

第 二 十 章

結局

在自己的心愛領域之外，愛因斯坦也努力過著美好的生活。他給雕塑家做模特兒；他與聖潔善良的神學家布伯（Martin Buber）結為好友，發現彼此對昆恩（Ellery Queen）的偵探故事有共同的愛好；每當偉大的歌唱家瑪麗安・安德森蒞臨普林斯頓，他都會邀請她到家裡小住。如果他很孤單，他會即興彈奏鋼琴彈個不停。他的貓咪名叫小虎，有一次暴風雨，小虎因為必須待在室內而悶悶不樂，愛因斯坦的祕書記得他跟貓咪說，「我知道怎麼回事，親愛的伙伴，但我不知道該如何停止暴風雨。」

愛爾莎於1936年去世，米列娃則是死於1948年 —— 他很多年沒見過她了。每回失去親人，對他的打擊都比他預期來得嚴重。米列娃的死尤其悲哀。靠著愛因斯坦的金錢資助，她在蘇黎世的生活過得還不錯；她當私人教師，教

的是她一向喜歡的音樂和數學。但他們的小兒子愛德華留在瑞士，年紀輕輕就診斷出患有思覺失調症。他在療養機構進進出出，大致上還算平靜，恍惚中彈彈鋼琴便心滿意足了——據家庭友人評論，他和他父親有許多相似之處，這是其中之一。但他也有躁狂發作的時候，偶爾會變得很粗暴。有一回發作時，可能是在掙扎中，一直陪在愛德華身邊的米列娃也病倒了。三個月後，她在醫院中過世。

愛因斯坦的妹妹瑪雅，正好在戰爭之前搬到普林斯頓，當時她自己的婚姻已經破碎了。（愛因斯坦在瑞士念高中補習功課那年，曾與溫特勒家族同住，他們家跟愛因斯坦很有緣：他們家女兒瑪莉曾是他的初戀情人，他的好友貝索娶了另一個女兒，瑪雅則嫁給溫特勒家其中一個兒子。）愛因斯坦唸書給瑪雅聽的時候，偶爾會唸《堂吉訶德》，但更常唸的是杜斯妥也夫斯基的作品，兄妹倆都很喜歡他的作品，尤其是《卡拉馬助夫兄弟們》以及書中人物的探索：想要瞭解遙不可及的上帝。雖然書中的兄弟之一伊凡認為，瞭解造物主是不可能的（「諸如此類的問題，完全不適合只以三維概念創造出來的腦子。」），杜斯妥也夫斯基不瞭解造物主，但這位大文豪的理念，令愛因斯坦很著迷。

瑪雅於1951年去世，當時家裡空蕩蕩的，愛因斯坦在後陽台一坐就是幾個小時。當他的繼女瑪戈特出來安慰他時，他告訴瑪戈特，「我很想念她，想到簡直無法想像。」他一直坐在那裡，時值普林斯頓炎熱的夏天，有一度他指

著天空。「觀看大自然，」他低聲說道，幾乎是自言自語，「你就會更瞭解它。」根據狹義相對論，他知道，從宇宙的某些角度來看，她去世的那一刻還沒有發生。但他也知道，那些地方是他永遠到不了的。

多疑且固執

歲月不饒人。1952年，茱莉亞弦樂四重奏的年輕樂手到愛因斯坦家裡拜訪，為他演奏貝多芬、巴爾托克（Bartók），以及他最喜歡的作曲家之一莫札特的作品。當時大家起鬨要他加入，他提議表演莫札特的G小調弦樂五重奏，於是他們便一起演奏。他的雙手僵硬且疏於練習，但這首曲子他很熟悉。其中一位樂手回憶，「愛因斯坦幾乎不用看樂譜……他的協調性、音感、專注力都很棒。」

他也變得很多疑 —— 黑暗漸漸滲進這位偉大思想家的內心角落。他時常懷疑，自己研究統一場論的心血，會不會是白忙一場。有一次他寫道，他覺得自己彷彿「坐在飛艇裡，可以在雲端四處遨遊，卻看不清如何才能返回現實的地球。」還有一次，他向他最喜歡的數學助理坦承，雖然他可以像從前那樣想出新的概念，但他有時候擔心，自己的判斷力正在衰退，無法判斷哪些概念才是值得追求的。

不過，更多時候，他會聳聳肩告訴別人，他深深相信，將來的科學發現會趕上他的理論研究，正如過去時常發生的

那樣。畢竟，牛頓輕忽自己對於重力瞬間作用的疑慮，結果錯過了突破的機會，那正是愛因斯坦本人在1915年取得的成就。Λ項事件則是向愛因斯坦證明了「擇善固執」的價值。如今，雖然量子論準確描述某些事件，但他也抱持希望：那只是一道中間步驟而已，將來還會發現更偉大的物理學概念。

最終仍不忘研究

　　1955年年初，他相識最久的知己好友，溫文儒雅的貝索過世了。早在半個多世紀前，愛因斯坦就跟米列娃說過，「我很喜歡他，因為他敏捷的頭腦和他的單純。我也很喜歡安娜，尤其是他們的小孩。」如今，那個小男孩維羅都快六十歲了。愛因斯坦寫信給維羅和貝索的妹妹，信上談到貝索，解釋自己有多喜愛他、多佩服他，還說，「我們的友誼基礎，奠定於我們在蘇黎世的學生時代，我們經常在音樂晚會上碰面……後來專利局又把我們湊在一起。結伴回家的路上，我們之間的對話，有著令人難忘的魅力。」就是在這個時候，他加了一句我們先前看過的評語：「如今他比我先走一步，離開這個奇異的世界。這不代表什麼。對我們這些信奉物理學的人來說，過去、現在、未來之間的差異，只是一種錯覺而已，無論這錯覺有多持久。」

　　那時愛因斯坦已經75歲了，而且疾病纏身，他的一條

主動脈長了動脈瘤，醫生解釋說，動脈瘤隨時都有可能爆裂。有機會動手術，但這方面的醫學技術還很差，就算愛因斯坦捱得過手術，也無法保證手術能治好他的病。

與其冒險動手術，愛因斯坦決定繼續研究統一場論，並且公開聲明警告：不受約束的核武器，可能摧毀地球上所有人類的生命。他試圖泰然處之。「想到生命的結束就會恐懼，這是人之常情，」他承認。「……恐懼是愚蠢的，但誰也幫不上忙。」他很擔心自己的病情，而且無疑很想知道，究竟科學會不會還他公道，證明他的孤軍奮戰終究是對的。

1955年4月初，愛因斯坦的心臟病情惡化了。他的醫生解釋說，動脈瘤正在裂開。過程起初很緩慢，然後會突然加快。醫生又提到要動手術，但愛因斯坦態度堅決：「用人工方式延長生命，實在很庸俗。我已經做完該做的事了。」愛因斯坦問他們，他到底會怎麼樣 —— 痛起來會有多「恐怖」。但他們無法確定的告訴他。注射嗎啡倒是有一點點幫助。

到了4月15日星期五，他實在疼痛不堪，於是被送往普林斯頓醫院。他的繼女瑪戈特趕來時，她幾乎認不得他了：白蒼蒼的臉，因為痛苦而扭曲。即便如此，「他的個性還是像以前一樣，」她回憶道。「他跟我開玩笑……說他在等死，他把它當成即將來臨的自然現象。」他的長子從伯克萊搭飛機趕來，他當時在那裡擔任工程學教授。愛因斯坦指著他的方程式，對漢斯阿爾伯特說 —— 創造統一場論還要

再下點工夫，用明確、可預測的方式，統一所有已知的作用力。他苦笑說：「要是我懂更多數學就好了。」

不久，他感覺病情好轉，甚至要求把他的眼鏡、鉛筆和論文拿來，他要再多做一些計算。可是後來，4月18日星期一凌晨，動脈瘤爆裂了。

他孤零零一個人，失血過多，眼看就快不行了。他喊來一位護理師，她趕到時，他低聲對她說了些話。但她不會說德語，所以聽不懂老先生臨終前說了些什麼。

終 曲

　　1904年左右，貝索的兒子維羅當時還很小，有一天，貝索的朋友為維羅做了一只很漂亮的風箏。他們三人帶著風箏，往伯恩南邊郊外的小山走去。在山腳下，其中一個大人開始放風箏，等風箏一飛上天空，便把線放在小男孩手裡。

　　多年後，維羅仍清楚記得這位家族友人，因為他「總是心情很好，很風趣、很好笑，最重要的是，他知道很多事情。」尤其維羅從來沒忘記，那天，當風箏在天空翱翔時，做風箏給他的愛因斯坦先生如何向他解釋，風箏是怎麼飛的。

　　愛因斯坦是擁有無窮好奇心與善心的人。和任何人一樣，他也有缺點，在他的一生中，這些缺點因為他的非凡成就而被放大了。但他內心閃現的念頭是無瑕的。假如他的學術生涯落得悲慘的結局，那只是因為，他在自己過去的錯誤教訓中無法自拔。

　　他曾經夢想，在量子力學方面，歷史會還他公道，但偏偏正好相反。1950及1960年代，研究人員研發各種方法來

檢驗愛因斯坦的理念：量子力學只是權宜之計，未來還會有更精確的理論，這個理論會處理好他厭煩的隨機性，提出更合理、更有秩序的說法來解釋宇宙之道。然而，1980年代進行的種種測試，卻證實海森堡、波耳等人才是對的：測不準原理是鐵一般的事實。愛因斯坦很想相信，世界會以決定論的方式運作，但並非如此。一定程度的隨機性（起碼在原子與次原子層面），是唯一可以確定的事。

　　愛因斯坦提出不少概念來反駁量子論，假以時日，其中有些竟然反過來跟他作對。他在1935年和別人合寫的論文（文中指出，量子力學竟然容許相隔遙遠的粒子「奇蹟般」纏結），甚至強化了如今普遍認同的觀點。二十一世紀的今天，那些纏結粒子實際上已經創造了出來，並且使用於建造中的第一代量子電腦上。

功不唐捐

　　然而，在各式各樣的重要領域裡，愛因斯坦的研究方法與結果已經完全被接受了，以致人們甚至不知道，這些方法與結果是他的傑作 —— 它們本來就是。我們對於光子、雷射、低溫物理的基本瞭解，當然還有相對論，都是直接來自他在伯恩、蘇黎世、柏林所寫的論文。整體而言，這些成就對我們生活造成的影響，以及加深我們對宇宙瞭解的程度，只有牛頓的成就可以相媲美。

雖然愛因斯坦尋找統一場論的特殊方法失敗了，但是世界上最有智慧的人花了這麼多年時間苦苦追尋的知識，卻啟發了後來幾代的許多研究人員。舉例來說，愛因斯坦的探索沒有結果，卻有助於啟發物理學家溫伯格（Steven Weinberg）等人在「電弱交互作用」方面的研究，統一了作用於原子內部的電磁力與弱核力弱力。他們因為這項成就，榮獲 1979 年的諾貝爾物理獎。

　　由於廣義相對論（本書皆以 G ＝ T 來表示），現代某些最驚人的發現，都和愛因斯坦的研究有關。他對於重力透鏡的真知灼見指出，當我們觀看遙遠的星系團時，應該看得到它們後方的某些星光。那樣的星光偏折，正是愛丁頓在 1919 年拍攝的「光在太陽附近會轉彎」照片中測量到的。

　　那些星系團裡面的質量愈大，它們周圍的空間便愈彎曲，那個遙遠的重力透鏡就愈強大。如今，這有助於估計此類銀河星團裡有多少質量 —— 用不太正式的話來說，就是可以為它們「秤重」。估計出來的驚人結果顯示：我們以為充滿宇宙的恆星、行星之類的星體，只不過是那些星系團包含的所有質量的一小部分而已。宇宙中存在的，大部分都是我們完全看不見的，由什麼構成的我們也不知道。愛因斯坦的研究，使我們得以發現這種稱為暗物質、看不見的「東西」，而暗物質目前是重要的研究課題。

　　不過，關於 G ＝ T，並非樣樣事情都這麼順利。一提到 Λ 項，就會聯想到最大的諷刺。愛因斯坦將額外的 Λ 項加

到他1915年的偉大方程式裡，儘管 Λ 項可有效提供對抗重力的排斥力，但他一直很不情願。1929年，哈伯和赫馬森似乎證明，宇宙正以穩定的速率膨脹，如此一來便不需要什麼 Λ 項了，當時愛因斯坦非常高興。但是自1990年代開始，新的研究無意中發現，愛因斯坦當時加進來的 Λ 項反而才是對的。宇宙不僅正在向外擴展，而且某種作用力正以更快的速率推開它。那種龐大的排斥力被冠以暗能量之名，恰好可利用修正過的 Λ 項來解釋。假如這項研究屬實，就意味在某種程度上，愛因斯坦自認的錯誤，事實上並不是錯誤 —— 由它引起的所有執念，都是不必要的。研究修正新的宇宙常數，目前是相當熱門的課題，因為它牽涉到愛因斯坦的研究，也因為它和蓬勃發展的物理學新領域有關。

這些發現令人類頓感渺小。我們看到的一切、我們以為知道的一切，譬如地球上所有的陸地與海洋、地球以外所有的行星與恆星，只占了宇宙的極小部分。暗物質可能占了宇宙所有組成的25％；暗能量可能占了70％。我們所知道的整個世界，只不過占了區區的5％，在不可見的浩瀚無垠中漂流。正是暗能量的組成部分，使修正愛因斯坦1915年偉大方程式的 Λ 項，終究變得不可或缺。暗物質則不同，在很大程度上，暗物質可視為另一種「質量」，可插入他的原本仍成立的方程式中。

宇宙之浩瀚，人類心智究竟能理解多少？愛因斯坦自己也反覆思索。1914年，他曾寫信給老友贊格爾，「大自然只

讓我們看到獅子的尾巴。但我毫不懷疑，獅子屬於它，儘管由於它的規模龐大，無法將它本身直接展露給旁觀者看。」宇宙隱含的真相難以理解。但或許有朝一日，另一位像愛因斯坦一樣的天才（這次避免了傲慢的錯誤），將會為我們展示這龐然巨獸的全貌。

終曲　　293

致　謝

　　撰寫本書的初稿時，我感覺彷彿繆斯女神正在口述這個故事，但我那些愛吐槽的朋友卻認為，假如真是繆斯女神在口述，那就奇怪了，因為竟然有那麼多的冗句和贅詞，不修改是不行的。於是巴勒斯（Shanda Bahles）、科恩（Richard Cohen）、哈福德（Tim Harford）、佩雷蒂爾（Richard Pelletier）、沃克（Gabrielle Walker）、華許（Patrick Walsh）、懷特（Andrew Wright）等人，積極投入修改初稿的大工程，實在令我有點承受不起。

　　以上諸位在改善初稿的同時，赫希爾（Michael Hirschl）幫正文部分準備精美的插圖，諾德（Mark Noad）則是幫網站上的附錄準備插圖。有一度，編輯好的一大段文字離奇消失，普利特（Carrie Plitt）不知用什麼神奇方法，竟然救了回來；同樣的慘劇後來又發生一次，幸好倫敦攝政街蘋果電腦專賣店的俞利（Yuri）幫忙解圍。米勒（Arthur Miller）及斯卡吉爾（James Scargill）幫我找出一些錯誤，但後來我又畫蛇添足加入的任何錯誤，一律不關他們的事。

紐約的利特菲爾德（Alexander Littlefield）讀完整份原稿，眼看交稿期限將至，竟然還能做出一大堆改進，他的從容不迫令人佩服。交稿後，紐約團隊的其他成員紛紛加入，很高興有他們鼎力相助：富勒（Beth Burleigh Fuller）、吉布斯（Naomi Gibbs）、格雷澤（Lori Glazer）、肯尼迪（Martha Kennedy）、金（Stephani Kim）、米爾扎（Ayesha Mirza），以及遠在新罕布什爾州的加克拉（Barbara Jatkola）審訂整本書。倫敦的懷廷（Tim Whiting）給了我們很棒的諮詢與支持，同時也要感謝亨特（Iain Hunt）、西爾弗曼（Linda Silverman）、史密斯（Jack Smyth）以及斯蒂普森（Poppy Stimpson）。

　　我在牛津大學的知識百寶箱（Intellectual Tool-Kit）課堂上，首度嘗試講解本書介紹的一些概念，一批學生耐心聽完課程，讓我興起寫這本書的念頭。回想1970年代中，我有幸師承錢卓斯卡*，他的研究用到本書介紹的許多原理。（他正是當年與拉塞福、愛丁頓等人同席的那位年輕賓客，詳見插曲二。）我還記得，1970年代末，我在巴黎和德布羅意共度的漫長下午，回想量子力學創建當時，他的記憶依然一清二楚。

　　最重要的是，當了多年單親爸爸的我，要不是遇見克萊

---

*譯注：錢卓斯卡（Subrahmanyan Chandrasekhar），印度裔美國物理學家，1983年因星體結構與演化之研究榮獲諾貝爾物理獎。

兒（Claire），這本書恐怕再怎麼樣也生不出來。當我向她求婚時（從我們初次見面那天，經過八天的漫長等待），她用一根手指輕觸我的嘴唇，然後低聲說：當然。

我沒想到這輩子會有這麼一天。

我以前太膽怯了，不敢貿然嘗試寫這本書，但是這件事給了我信心，讓我能夠向前邁進。一旦開始動筆，老練的赫斯特（Mark Hurst）教我如何掌握故事的重點，最會鼓舞人心的伍德洛（Floyd Woodrow），則是教我如何保持專注。

當我逐章逐節寫稿時，我的小孩山姆（Sam）和蘇菲（Sophie），每星期都會收到詳細的進度更新，有時每天，有一度甚至每小時都會收到（真是不好意思）。他們有信心，認為這個故事需要有人來說，這是最令人振奮的動機。

我把這本書獻給山姆，因為在他小時候，很多重要的東西（譬如生日禮物或是新的電腦遊戲之類的）還在太遙遠的未來、以致凡夫俗子等不及，於是我會向他解釋，假如我們可以坐上愛因斯坦的火箭，用我們的時間來算的話，短短幾分鐘就可以到達那些未來的日子。我很喜歡他那信以為真的樣子。如果有人真的設法發明這種裝置，讓我們可以加速穿梭時光，那一定是他們那一代的人，不是我們這一代。傲慢自大打敗了愛因斯坦，如果他們那一代能避免重蹈覆轍，我一定會很高興。

附　錄

外行人也看得懂相對論

　　本書內容自成一體，但閱讀〈附錄〉，可以讓讀者多瞭解一點相對論。即使跳過〈附錄〉，也不會影響讀者對本書內容的理解。意猶未盡的讀者，可至網站davidbodanis.com瀏覽更進一步的說明。

時間為什麼會彎曲

　　不僅空間會彎曲，時間也是一樣。1908年，閔考斯基（Hermann Minkowski）在德國科隆的演講中首度提出這個概念，他是愛因斯坦大學時代的教授之一。閔考斯基不斷思考愛因斯坦1905年的研究成果，他曾經提到，「愛因斯坦〔狹義相對論〕的數學表達方式很差勁 —— 我可以說這句話，因為他的數學就是在蘇黎世理工學院跟我學的。」

為了延伸愛因斯坦的研究，閔考斯基開始發揮想像力，把空間想像成水平的平面（像一張大桌子），把時間想像成從平面伸出來的垂直軸（像是桌子中間有根長長的紡錘或燭台）。大家都習慣把空間和時間看成各自獨立的範疇，不過，那正是閔考斯基想要改變的。他認為空間和時間是一體的，因為「我們認知的物體，總是同時包括地點與時間。沒有人會提到地點而不提時間，或是提到時間而不提地點。」

閔考斯基聲稱，最好不要像平常那樣說位置又說時間，而是把一整件事情稱為「事件」（event）。想要描述適用於所有可能事件的「時空」（space-time）組合，只需列出四個數字就行了。

以大金剛為例

聽起來很抽象，但我們一天到晚都在做這件事。假設1933年，在一個料峭春寒的夜晚，你的曾祖父在紐約街頭閒逛時，看到443公尺高的帝國大廈樓頂有一隻毛茸茸的大金剛。他想要通知媒體。等他找到電話打給《紐約先鋒論壇報》時，他可能會說，「有一隻大金剛在 —— 在 —— 帝國大廈樓頂，天哪，我現在看見他了！」但假如他和《先鋒論壇報》的記者都懂閔考斯基的符號簡寫，他就可以更迅速的說，「第5大道，33街，443公尺，晚上8：30！」。假如他們都懂曼哈頓的道路網格系統，他還可以更快，只要說，

「5，33，443，8：30！」報社的攝影記者就會明確知道該前往何處：第5大道與33街交口、443公尺高的塔頂，至少在晚上8：30的時候，大鬧紐約的巨無霸就在那裡。

不過，假設大金剛很怕生，他用力拋出一條高空滑索，滑索飛越曼哈頓市區，飛到金光閃閃的克萊斯勒大廈樓頂。他手裡握著金髮美女，開始滑向那個更安全的掩護處。如果你的曾祖父還在一面看好戲、一面講電話，他就可以把坐標的最新變化告訴《論壇報》記者。大金剛滑了5秒鐘後，他可能大喊「5，35，420，8：30：05」；再過5秒鐘，可能是「5，36，408，8：30：10」；依此類推。這些數字會一直改變，直到大金剛和美女到達位於42街、稍微低一點的克萊斯勒大廈樓頂。

這就是閔考斯基所說的意思：每個特定的事件（每個特定的時空位置），皆可用一組四個數字的組合來識別。若是列出宇宙中所有的可能事件，就會產生一本龐大無比的書，過去或將來歷史上的所有數字組合，統統寫在這本書上。閔考斯基在1908年的演講中，開玩笑說這項大工程有多囂張：「我用這枝最厲害的粉筆，就可以在黑板上畫出〔所有那些位置〕。」這正是許多宗教認為他們的上帝才辦得到的事情。但閔考斯基觀察到的就是這個樣子，什麼宗教也阻止不了他。

現在問題來了。發生在前三個數字（描述空間位置）的事件，是不是一定跟第四個數字（描述時間位置）有關？如

果是的話，空間便不能與時間分開，兩者都要考慮進來，才能完整定位發生的事件。

為了回答這個問題，閔考斯基的著眼點，在於如何算出任意兩個事件之間的差距。對你的曾祖父來說，起始事件是「大金剛位於帝國大廈樓頂」，第二個事件是「大金剛降落在高度少了124公尺的克萊斯勒大廈樓頂」，兩者之間的差距大約是「3大道，8街道，124公尺，2分鐘。」但是別忘了，物體相對於你做運動，它過的時間和你過的時間是不一樣的。這是關鍵。大金剛滑過曼哈頓上空、經過你曾祖父的面前時，速度並不是特別快，但大金剛經歷的這段時間，會比你曾祖父看到的兩分鐘，稍微短一點點。

時間為什麼會有這樣的變化？假設你看到朋友正在你身旁靜止不動的車子裡拍球。球移動多遠，你和她看到的顯然是一樣的。然後她把車子開走，你則留在路旁觀看。她會看到，她拍的球在她身旁繼續直上直下。但是隨著車子往前移動，你會看到，球有較大的位移。

現在假設她拍的不是球而是光束。你們會看到，光以相同的速度行進（愛因斯坦說得很清楚，光的特性就是這樣）。這正是奇怪之處。她會看到，她車上的光束涵蓋短短的距離。你會看到，光以相同的速度行進（因為光速是定值），卻涵蓋較長的距離。

以相同的速度行進，怎麼會涵蓋兩種不同的距離？愛因斯坦發現，唯一的答案就是：在移動的車子裡，時間過得比

較慢，所以光束有較多的時間行進較長的距離。任何物體相對於你做運動，都會經歷這種現象，無論是車子、火箭太空船，甚至是我們想像的那隻快速滑行的大金剛。

假如我們想像速度更快的運動，效果就會很顯著。如果那天晚上，大金剛擔心《先鋒論壇報》的採訪車火速前來，於是決定不要留在克萊斯勒大廈，8：32的時候，他和女伴跳上火箭太空船，去銀河系繞了一圈，直到回來降落在克萊斯勒大廈樓頂，你估算了一下，降落那天正好是2017年2月8日。你急忙趕到那裡，推開一大群攝影記者，以及邀請他們上電視真人秀的製作人，擠到大金剛和女演員身邊。你問大金剛願不願意幫你一個忙，用閔考斯基的計算方式，算出他們穿越的時空差距。

他們點頭說好，然後把仔細記錄的飛行日誌拿給你看。你看了一下，抬起頭來，一臉茫然。大金剛最後一次在克萊斯勒大廈露面，以及今天的狀況，這兩個事件之間的「差距」是什麼，對你來說很明顯。那天的事件發生在1933年3月2日晚上8：32，而現在你正站在同一個地點，因此兩者的差距是「0大道，0街道，0高度，83.9年。」但大金剛的日誌，顯示的時間卻短了很多，這是因為，他的太空旅行以高速飛越遙遠距離，發生了「時間扭曲」。

這個觀點很奧妙。不同的個體，會不斷的進入個別的時間「軌道」。在衡量兩個事件之間的差距時，看法不一致的，不只是你和我們想像中在太空飛行的大金剛。我們所有

的人，都以不同的速率行進，如果仔細來看，對於兩個事件之間流逝的時間，我們的看法都會不一致。

時空是什麼？

　　這樣簡直是一團亂，彷彿我們生活在毫無關連的宇宙中，每個人都在不同的世界裡，無緣無故或毫無章法的彼此碰撞。但閔考斯基指出，空間與時間並非如前節所述，用事件之間的簡單減法就可以結合，而是另有他法。任意兩個事件之間，有一種新的差距，閔考斯基稱為「間隔」（interval），無論人們如何移動，對於這樣的間隔，所有人都會有一致的看法。雖然你的空間和你的時間，可能和我的不一樣，但閔考斯基發現，$x^2 - c^2t^2$ 這個奇特的數字，總是會讓我們得出相同的結果。（這裡的 c 是光速，t 是兩個事件時間項的差值，x 是所有空間項的經過距離 —— 詳見作者個人網站上的說明。由於 $x^2 - c^2t^2$ 的形狀為雙曲面，網站上的一些幾何圖形有助於理解。）

　　愛因斯坦起初反對這種組合，稱閔考斯基的研究為「多餘的學問」，但他很快就回心轉意，後來還把閔考斯基的答案，納入自己的相對論研究中。這個解法很神奇，我們再也不用把宇宙想得亂七八糟：有三維的空間，還有一維的時間從空間某處以直角伸出來，每個人都像超現實主義畫家馬格利特（Magritte）畫中人物那樣，在各自獨立的小圈圈裡

打轉。取而代之的是，我們生活在融為一體的所謂「時空」裡。

　　這個奇特的間隔：$x^2 - c^2t^2$，正是權衡空間與時間的關鍵。以一般的空間而言，距離可以相加，獨立來看，時間也可以相加。以時空而言，由於每個分量有這種特殊的關係（當別人相對於我們的速度變快時，我們會看到他的時間變慢），因此不能相加。相反的，這就像是時空裡的運動用到兩個里程計，兩個里程計的里程數（平方值）不斷的相減。

　　這種結合時間與空間的概念，聽起來很不可思議，但想像你在看一個圓形的手錶。正面看著手錶時，它的「水平值」和「垂直值」似乎是一樣的。然而，如果稍微傾斜一下，你看到手錶就會有個角度，不會再是正圓形而呈現橢圓形，也就是有些「垂直值」似乎不見了。

　　這不會讓我們覺得很困惑，因為我們知道「垂直值」還在那裡，只要好好量一下手錶就可以證明。「垂直值」看似消失，只不過是我們觀看的角度造成的假象。我們習以為常的空間維度，也是同樣的道理。我們知道，在地球上可以往正東走或往正北走，但我們也可以同時往兩個方向走 —— 也就是說，我們可以往東北走。北方、東方看似截然不同，但它們最後都會殊途同歸。同樣的，球迷在籃球場看到的籃框，大小形狀都不一樣。如果球迷坐在又高又遠的座位，看到的籃框就像是一條水平線；坐在其他座位的球迷，可能會看到籃框像是橢圓形。但這並不代表，他們認為那樣的變形

是事實。一旦他們站起來走動，他們就知道，可以從夠多的角度來看籃框，以便獲得全貌。

　　根據閔考斯基的說法，我們生活在四維時空裡，但我們這些脆弱的碳基生物，不可能退一步來看整個架構 —— 同時看到所有的空間和所有的時間。然而利用閔考斯基的抽象符號，我們知道四維時空就在那裡，所有的組成部分（所有的空間和所有的時間），都密不可分。

宇宙方程式

　　愛因斯坦如何將這些全部整合在一起？他的1915年方程式，看起來和高中、甚至大學基礎數學課程教的東西都不一樣，以致大多數的人乍看之下，什麼都看不懂。他的方程式即使用最精簡的現代形式來表示，也不怎麼吸引人：$G_{\mu\nu} = 8\pi T_{\mu\nu}$。不過，我們一旦明白，這道方程式只不過是一種巧妙的表達方式，用來列出不同的事物組合，它就開始變得比較清楚了。

　　為了理解這種表達方式，想像我們回到愛因斯坦大學時代常去光顧的餐館之一。假設這間餐館的菜色很少，只有炸肉排和啤酒，為了節省時間，服務生不是一一寫下顧客點的菜，而是利用印在點菜單上的小網格，如右頁上圖所示。

如果服務生送來的點菜單是

1 0

0 1

　　廚師就知道要供應一份「雙炸肉排」（因為第一個「1」，寫在兩個炸肉排標籤的相交方格上）、一份「雙啤酒」，沒別的了。

　　如果廚師很阿莎力，決定供應第三道菜色 —— 烤馬鈴薯！餐館就得印製新的點菜單，網格的格子會稍微多一點，於是新的網格會變成下圖這樣。

如果現在服務生寫的是

0 0 1

0 3 0

0 0 0

廚師便知道要做一份「炸肉排加烤馬鈴薯」拼盤，以及三份「雙啤酒」。這樣吃很不健康，但是一定很美味 —— 那樣的「數字點餐法」也非常有效率。

　　假設蘇黎世有幾十間像這樣的餐館，他們決定不要互相搶生意了。他們不再無限量供應任意的搭配選擇，而是每間餐館只供應一定數量的餐點。有一間餐館，每一位顧客只能點一份「炸肉排加烤馬鈴薯」拼盤和三份「雙啤酒」，不能再多點了。另一間蘇黎世餐館的門外有個大大的招牌，樣子像是服務生的點菜單，如下圖所示。

上面的網格寫著

1 0 0

0 0 0

0 0 1

　　所以每個人都知道，這間餐館供應的菜色是「雙炸肉排」和「雙烤馬鈴薯」，其餘恕不供應。另一間餐館則是鎖

定另一種菜色組合。假如你進到一間餐館，便永遠待在餐館裡不出來，每組簡單的數字組合讓你知道，今後你會吃到什麼樣的食物料理。

現在回過頭來看相對論。假設我們點的不是食物，而是宇宙的形狀。首先，我們需要知道組成宇宙的維度是什麼──這相當於炸肉排、啤酒、烤馬鈴薯。在二維平面的情況下（形狀彷彿一張郵票的正方形先生，就住在這樣的平面國裡），那些組成部分，就是東西方向的距離變化dx，以及南北方向的距離變化dy。

這樣就準備好服務生的「宇宙點菜單」了，為了填寫點菜單上的網格，現在我們需要知道，這些組成部分，會供應哪些特定的排列組合。一旦有了這兩樣資料（也就是說：我們的網格提供哪些可能的範圍，從這些可能的範圍，有哪些特定選擇可以填入網格），我們對於即將進入的世界，就有了充分的瞭解。

這種「網格組合加上填寫項目」，很類似所謂的度規張量（metric tensor）。這個名詞很有啟發性。用來測量距離的公制度量系統（metric system），希臘字根為metron，亦即公尺或米（meter），是十八世紀時，法國引進新的測量系統後才開始流行的。公制度量正是用來制定「事物如何組合」的方法。蘇黎世每一間高效率餐館，都用「一串數字」來點餐，定義的是「各種菜色如何組合」。這就是餐館的「度量」，亦即餐館用來安排事物的方法。對我們的物理宇宙而

言，用來「點餐」的一串數字，定義的則是「組成我們宇宙的維度如何組合」。

創造我們的世界

在正方形先生居住的平面國世界裡，背景的網格可以有不同的dx和dy組合，亦即不同的「東西值」或「南北值」。也就是說，空白的網格看起來會像這樣：

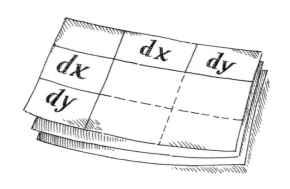

該如何填進數字呢？我們知道，畢氏定理在真正的平面上才能成立，也就是說，假設平面上有個直角三角形，直角兩邊的邊長為dx和dy，斜邊長為ds，則這三個邊長的關係就是$dx^2 + dy^2 = ds^2$。我們可以歸納上式，用點菜單的形式，將平面國的網格寫成右頁這樣：

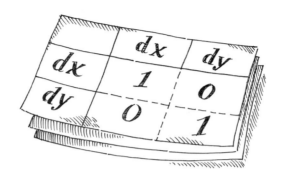

　　其中只有「雙dx」和「雙dy」，沒有其他的奇怪組合。一切都很工整：直角三角形組合得很好，正方形不會鼓起來，同樣的，時間想必也會與空間呈「直角」。堅持用這種最簡單直接的方法來組合各個部分，便可創造平面國的世界。在《聖經》的〈約伯記〉裡，上帝問道：「我立大地根基的時候，你在哪裡呢？……是誰把準繩拉在其上？……地的角石是誰安放的？」這種世俗的說法，和以上的說法有異曲同工之妙。

　　這個方法的好處，在於它很容易舉一反三：萬能的天神俯視祂的領土，下令召來更多的組成成分，看吧！宇宙形成了！（點菜單上的網格愈來愈多了。）

　　愛因斯坦的方程式，正是利用類似的網格建立的，但可以形成許多不同的世界。那些世界當然比平面國更大，平面國的網格為2×2，只容得下兩個空間維度（東西方向和南北方向），那些世界的網格則為4×4，因此可以用三個空間維

度和一個時間維度來組合。此外，它們的網格填入方式，不像平面國的網格填入方式那麼簡單：網格對角線上那一連串的 1，代表其組合只有工工整整的直線組合。那就像是踏進一間餐館，不同的菜色絕對不會混在一起。四維世界的網格（也就是說，可以點的菜色範圍有四種），看起來會像下面這樣：

　　這樣的世界又平又無聊 —— 就像是第八章 100 頁的左圖那樣。

　　如果不同的維度也能組合在一起，那就比較好玩了，而且愛因斯坦發現，這樣更真實。如此一來，比方說，我們就可以點一些「東西值」、再點一些「上下值」。這就好比某間餐館的廚師很大膽，不再只供應「雙啤酒」或「雙炸肉

排」，而是離開對角線，開始供應不同的食物組合。這比較接近我們存在的宇宙，結果就像是我們在第八章100頁看到的右圖那樣，圖中有些地方為「上下值」及「東西值」的組合，而且還有其他的組合。

當你利用這種方法來詳述所有網格裡的數字時，說起來就會變得很麻煩。與其說：「這個數值，要放在第三列和第四行的相交方格裡」，還不如這樣說比較快：「這是方格34的數值」。愛因斯坦和格羅斯曼更進一步，連「方格」都不用說，他們開始用字母 g 來表示。然後，當他們想用符號來代表一連串的下標數字時，他們就把下標的數字換成希臘字母。如果愛因斯坦寫 g_{34}，他指的就是第三列、第四行的相交方格裡的數值；當他寫 $g_{\mu\nu}$，他指的就是他的網格表單中，所有的十六個方格。這很類似我們如今用來表示電子試算表方格的方式。

愛因斯坦1915年得出的方程式，用簡潔的形式來表示，正是 $G_{\mu\nu} = 8\pi T_{\mu\nu}$。方程式左邊的大寫字母G，比我們這裡描述的還要複雜一些，但它的核心含有 $g_{\mu\nu}$ 的運算式：一組符合4×4網格的數字組合，說明特定位置的空間和時間是如何排列的。$T_{\mu\nu}$ 也是同樣的道理，它的核心有另一個4×4網格，網格裡的數值，描述那個時空位置有什麼東西，也就是說，我們會在那裡發現什麼樣的能量與動量組合。

最重要的是，愛因斯坦發現方程式的兩邊有密切的關

係。人們不用去每個可能的時空位置，然後測量那裡所有的質量和能量，以便填上兩邊的網格。那會是非常艱巨漫長的任務 —— 這麼說簡直太輕描淡寫了。取而代之的是，多虧愛因斯坦的天才，已經替我們完成一半的任務了。在方程式左邊，找出空間與時間的一些特定組合，你就會有很好的起點，知道那裡的質量與能量如何作用。或者你也可以從方程式的右邊開始，測量 T 的網格裡有什麼，然後藉由愛因斯坦的神奇方程式，你馬上就能跑到方程式左邊，開始描述那裡的空間與時間的幾何結構。當然，如果左邊的數值太大，以致引起整個宇宙塌縮，你就可以把左邊減去一部分，好讓一切保持平衡、不至於塌縮 —— 這正是 1917 年愛因斯坦額外加入 Λ 項的用處。

　　解這個方程式很難，因為兩邊網格裡的數值並不是固定的。從不同的角度來看，它們就會改變。比方說，假如我看到一個靜止的物體，而你正相對於我做運動，你看到的物體就不會是靜止的。但由於對你來說，它在移動，對你來說它便具有動能，根據質能等效原理（還記得 $E = mc^2$ 吧），事實上，你感受到它具有的萬有引力，會比我感受到的來得大。

　　同樣的道理，相對靜止的觀察者，看到一個質量的長度，若在移動中的觀察者看來，此長度會縮小。但由於這個質量並沒有改變，但體積改變了，因此密度也會變大，這也必須納入考慮。這種事情該如何寫出來，才能讓我們每個人

的不同觀點都成立？這個問題讓愛因斯坦和格羅斯曼想了很久。

幸運的是，有辦法可以使計算變得稍微簡單一點。舉例來說，愛因斯坦方程式的左右兩邊，都有很明顯的對稱性（以左上角到右下角的對角線而言），因為對角線某一側的所有數值，都會在對角線另一側的相對位置重複（正如在餐館點菜，點「炸肉排加啤酒」，跟點「啤酒加炸肉排」，兩者的結果是一樣的）。這意味著，本來有16個獨立的方格，也就是有16道不同的方程式，現在只有沿中間對角線的四個方格，以及對角線上方的其他六個方格。這麼一來，G＝T只剩下10道複雜的方程式 —— 謝天謝地，至少比應付十六道方程式容易多了。

愛因斯坦看到什麼？

完全不用解方程式，就能得到豐富的見解，這往往是有可能的。為了瞭解時間如何受重力影響而彎曲，舉例來說，假如太空企業家馬斯克＊，在他的一艘火箭太空船發射之前，想要去檢查一下。他爬進火箭太空船的底部，看著手腕上的錶，然後抬頭凝視火箭的頂部（火箭內部是空心的，所以他

＊譯注：馬斯克（Elon Musk）是SpaceX太空公司與特斯拉汽車公司的創辦人。

可以一路看到最頂端），那裡還有另一個時鐘，每秒鐘會發出一道閃光。他看出兩個時鐘是同步的，因為以手錶上的秒針來看，上面的時鐘發出的閃光，正以穩如泰山的時間間隔到達火箭底部。

一切似乎都很順利。

馬斯克的好朋友貝佐斯[*]，正在火箭外面觀看，但是突然間，貝佐斯按了一個紅色按鈕。馬斯克感覺到，他的火箭正從地面發射升空。他被猛然推向火箭底部，正在竊喜之際（因為貝佐斯給了他這個機會，讓他體驗廣義相對論的效果），卻發現有點不對勁。不知怎麼搞的，從頂部（或前端）發出的閃光，竟比剛才更快到達底部。他想不通。他知道火箭的長度並沒有改變。光速也沒有改變。

那麼，為什麼這些閃光到達底部會變快？

他又想了半天，終於明白是怎麼回事。因為他正在加速，他的所在位置是火箭的後端，而火箭後端以愈來愈快的速度趨近前端原來所在的位置。（這就是所謂的加速，有別於等速）。前端發出的閃光，還沒走完整個火箭太空船的全長，位於火箭後端的馬斯克便攔截到閃光，也就是說，他的手錶還沒有走完一整秒。

他只能得出一個結論。前端發出的閃光到達得太「快」了。依照他手錶上的時間來看，本來是每隔一秒鐘發出一道

*譯注：貝佐斯（Jeff Bezos），亞馬遜網站與藍色起源太空公司的創辦人。

閃光。現在，前端發出閃光比原來還快。那個時鐘一定走得比較快。

如果這種效應只發生在火箭太空船裡，可能會被認為是引擎轟隆隆的震動引起的。但別忘了，愛因斯坦強調，如果沒有窗戶，乘客便無法確認，自己是否正在飛離地球。說不定他根本被騙了，他還在地面上，是重力把他壓向地板的。（如同我們在前面章節所述，這就像是坐在加速的賽車裡被向後推。如果你閉著眼睛，而且車子也沒有晃動，感覺上，彷彿你正被隱藏在背後的巨大重力源向後拉。）

由於在這種情況下，觀測者無法分辨自己到底是在地面上，還是在飛離地球，這意味著，時間的速率不同（時鐘滴答滴答的快慢不一樣），也會發生在重力場，如同發生在加速中的車子裡。同樣的時鐘，顯示時間在高處過得較快，因為那裡的重力較弱；時間在低處過得較慢，因為那裡的重力較強。

聽起來很荒謬，但這是事實。當GPS衛星在高空高速飛行時，適用於狹義相對論，衛星的高速會導致衛星上的時間變慢。同時，由於衛星在高空20,000公里的軌道上繞行，那裡的重力比地面上的重力弱了好幾倍，因此馬斯克的想像體驗示範，在此也發揮了作用。第二種效應適用於廣義相對論，因此衛星上過的時間，會比我們在地面上過的時間快，因為較強的重力場，使地面上的時間變慢了。

哪一種因素比較占優勢？以我們GPS衛星的例子來看，

衛星位於高軌道，因重力減弱而引起的時間加快，會使衛星每天多出45,000奈秒（一奈秒＝十億分之一秒）的額外時間；衛星高速飛行而引起的時間減慢，只會使衛星每天減少7,000奈秒。相較之下，淨差值會使衛星每天多出38,000奈秒。那就是工程師每天用來「重新設定」GPS系統的數字，好讓我們地球上的時間，和衛星上的時間保持同步。若是沒有這種校正，我們很快就會偏離方向。

不只是這樣。兩地之間的重力差異愈大，廣義相對論的效果就愈顯著。太陽表面上的時間，每年都會過得比地表上的時間慢一分鐘。在非常靠近黑洞的地方，時間過得比地表上的時間慢了幾百萬倍。我們會看到（受到某種調光作用），掉進黑洞的太空人，彷彿是以超級慢的慢動作在移動，但對他來說，他的時間是正常的，是外面的星系在加速，生命以正常速率的幾百萬倍在超速進行。理論上，在他的最後一刻，他可以看到整個地球文明的興衰。

然而，馬斯克恐怕很難實際觀測到這樣的景象，不只是因為他攜帶的任何望遠鏡的限制。重力梯度也會大到足以產生極為不同的時間速率，以致在他的身體各處產生極為不同的牽引力。他舉起的手會受到某種程度的重力牽引；如果他的腳比較靠近黑洞口，就會受到更大（超級更大）的重力牽引。還有其他的效應，但單單是這種效應，就足以造成所謂

的「麵條化」*即使是最堅固的材質，也會被拉開。

　　無論馬斯克在地球上的投資賺了多少，他恐怕很快就享受不到了。

*譯注：「麵條化」（spaghettification）指變得細細長長的，彷彿義大利麵條。

圖 片 來 源

125頁：© UPPA/Photoshot

149頁：© Jiri Rezac

160頁：Sergey Konenkov, Sygma/Corbis

166頁：RIA Novosti/Science Source [®]

178頁：Harvard College Observatory/Science Source [®]

186頁：AP Images

191頁：Margaret Bourke-White, Time Life Pictures/Getty Images

194頁：SPL/Science Source [®]

198頁：Mondadori Portfolio/Getty Images

216頁：Albert Einstein, Courtesy of the University of New Hampshire

221頁：ullstein bild/Getty Images

227頁：ullstein bild/Rainer Binder

235頁：Francis Simon, American Institute of Physics, Emilio Segrè Visual Ar-chives/Science Source [®]

243頁：Science & Society Picture Library/Getty Images

253頁：American Institute of Physics, Emilio Segrè Visual Archives/Science Source [®]

262頁：Bettmann/Getty Images

科學文化 178

愛因斯坦最大的錯誤
世紀天才的人性弱點
Einstein's Greatest Mistake：The Life of a Flawed Genius

原著 —— 波戴尼（David Bodanis）
譯者 —— 黃靜雅
科學文化叢書策劃群 —— 林和、牟中原、李國偉、周成功

事業群發行人／CEO／總編輯 —— 王力行
資深行政副總編輯 —— 吳佩穎
編輯顧問 —— 林榮崧
責任編輯 —— 林文珠
封面暨版型設計 —— 江孟達

出版者 —— 遠見天下文化出版股份有限公司
創辦人 —— 高希均、王力行
遠見・天下文化・事業群 董事長 —— 高希均
事業群發行人／CEO —— 王力行
天下文化社長／總經理 —— 林天來
國際事務開發部兼版權中心總監 —— 潘欣
法律顧問 —— 理律法律事務所陳長文律師
著作權顧問 —— 魏啟翔律師
社址 —— 台北市 104 松江路 93 巷 1 號 2 樓
讀者服務專線 —— 02-2662-0012 ｜ 傳真 —— 02-2662-0007, 02-2662-0009
電子郵件信箱 —— cwpc@cwgv.com.tw
直接郵撥帳號 —— 1326703-6 號 遠見天下文化出版股份有限公司

排版廠 —— 立全電腦印前排版有限公司
製版廠 —— 東豪印刷事業有限公司
印刷廠 —— 祥峰印刷事業有限公司
裝訂廠 —— 協聲企業有限公司
登記證 —— 局版台業字第 2517 號
總經銷 —— 大和書報圖書股份有限公司 電話／02-8990-2588
出版日期 —— 2019 年 12 月 3 日第一版第 2 次印行

國家圖書館出版品預行編目 (CIP) 資料

愛因斯坦最大的錯誤：世紀天才的人性弱
點／波戴尼 (David Bodanis) 著；黃靜雅
譯 . -- 第一版 . -- 臺北市：遠見天下文化，
2017.07
面；　公分 . -- (科學文化；178)
譯自：Einstein's greatest mistake : the life of
a flawed genius
ISBN 978-986-479-271-9(平裝)

1. 愛因斯坦 (Einstein, Albert, 1879-1955)
2. 科學家 3. 傳記

785.28　　　　　　　　　　106012080

定價 —— NTD380 元
書號 —— BCS178
ISBN —— 978-986-479-271-9
天下文化官網 —— bookzone.cwgv.com.tw

本書如有缺頁、破損、裝訂錯誤，請寄回本公司調換。
本書僅代表作者言論，不代表本社立場。